憲法シミュレーションノベル

KENが「日本は特別な国」っていうんだけど……

ケン・ジョセフ・ジュニア
荒井 潤

カバー撮影
撮影：木村心保
モデル：大石 さり
（所属：株式会社ボックスコーポレーション）
メイク：国見登志子

※本書はフィクション作品です。また、モデル、及びモデルの
着用している服装は、本書の内容と一切関係がありません。

The people never give up their liberties
but under some delusion.
Edmund Burke

人々は騙されさえしなければ、決して自由を差し出さない。

18 世紀のイギリスの政治思想家、エドマンド・バークの言葉

イントロダクション

去年の8月、ぼくたち国民に向かってテレビで話しかけたときに天皇陛下は、国民がこの国の主役だという意味で「国民」というキーワードを8回も、「象徴」というキーワードも5回も口にした。

そして自分は、国民主権として主役であるみなさんのためになにができるかいつも考えてきた、と……。

いま、国民が主役の憲法を、権力者が主役の憲法に変えてしまおうという人達が国会で3分の2以上の議席を取って、憲法を変えるかどうかを決める国民投票がいつ行われてもおかしくなくなっている。

「国民が主役の憲法」はいま、シン・ゴジラがやってきたというか、最大の危機にある。それは主役だったはずの、みんなの危機でもある。

そんななかで、天皇陛下は、要するに「私は国民のみなさんが主役の憲法を守りたくてこの話をしました。みなさんも私と一緒に、みなさんが主役の憲法を守りましょう」とみんなに呼びかけた。

そういう天皇陛下のメッセージを聞いているうちに元気づけられて、この本を書きたいとぼくたちは思った。ストーリー仕立てで、初めての人にもわかりやすい書き方、ある程度憲法を知っている人にも、なるほどと思える書き方にしようと思った。

憲法を変えるかどうかの国民投票はそう遠からず行われることになりそうだ。だから、そんな日が訪れたら、そのときどうするか、そろそろ考えておいた方がいいのでは？

君が権力者（含む、独裁者）なら、どうぞ権力者が主役の憲法を選んでください。でも、君が普通の一般国民だったら、権力者が主役の憲法は選ばない方がいいと思います。どうしてかは、この本を読んでもらえばわかると思います。

どうぞ読んでみてください。

平成29年3月吉日

ケン・ジョセフ・ジュニア＆荒井潤

目次

Part 7 ケンの作った憲法バッジ 233

Part 1
目に見えない守護神

＃1　魔訶不思議男子Q

その日曜の午後、ケン太とノリカは表参道でデートしていた。

手をつなぎながらラフォーレの前を歩いていると、突然、ひとりの男子が行く手にたちふさがった。彼はケン太と同じくらいの年に見えるけっこうなイケメンだった。

ふたりが立ち止まると、そいつはノリカに微笑みかけた。

――な、なんだ、こいつ！

ケン太は思わず身構えた。

その男子はケン太を無視して、ノリカに向かって挨拶した。

「こんにちは、ノリカ」

「え、あなただれ？　なんであたしの名前を知ってるの？」

びっくりしてそう聞きながら、

――どこかで会っているような……。

と心のなかで首をかしげた。

「それはじきにわかるから。ぼくのことはQって呼んでね。というわけでふたり、ちょっとおもしろいことにつきあってくれない？」

そう言ってQは小さな子供みたいに無邪気に笑った。

「オイオイ、なんでお前なんかにつきあわなきゃならないんだよ」

ケン太は食ってかかった。

「いいじゃない。どうせ夕方まで暇なんでしょ？」

Qは、少し前にノリカに向けたのと同じような無邪気な笑顔をケン太にも向けた。

「え、なんでそんなこと知ってるんだよ？」

その通りだった。夕方から仲間と会ってカラオケに行くことになっていたが、それまでは特にやることもなく、ぶらぶらしながら時間を潰しているところだった。

「ほら、顔に書いてあるってやつだよ」

Qはまた無邪気に笑った。

――あれ、この笑顔、なんか見たことあるような……。

ケン太も時間差で、ノリカと同じように思った。

「いいじゃない？　なんかおもしろそう！　悪い子じゃなさそうだし」

ノリカはケン太に言った。

「ああ、まあ、ノリカが言うなら。あとでお金とか取らないんだったら」

「大丈夫。お金なんて取らないから」

「ほんとかよ」

「うん。で、シミュレーションを始める前に聞くけど、いま、ここをどう思う?」

Qの質問に、ふたりは目を見合わせた。

「さあ、どう思うって言われても、なんて言っていいか……」とノリカは答え、ケン太も「ああ、まあ、強いて言えば、特になにも思わないというか……」と答えた。

「そうだろうね。OK、じゃ、とにかくスタート」

突然まぶしい光が沸き起こって、ケン太とノリカは思わず目を閉じた。

#2 シミュレーション1

ふたりが目を開けたとき、Qの姿はなかった。ふたりはキョロキョロしながら、目の前にいたはずのQを探した。

――いまのぼくは【姿が見えないモード】だから……。ほら、道を見て。

ふたりの頭にQの声が響いた。

ケン太とノリカは表参道を見た。いつの間にやら、車の流れがすっかり途絶えていた。だれかが交通規制をしたようだった。

そして、原宿駅の方向から、青いベンツのクラシックなオープンカーがゆっくりと道を下って来るのが見え始めた。

カーキ色の制服・制帽を来た運転手がハンドルを握っていた。その隣にはちょび髭をはやした小柄な男が左右をゆっくり見ながら、どっかりと座っていた。

彼は腕に逆さ卍マークの腕章をしていた。

彼は、その口から出る命令にはだれもが従わなければならない、独裁者だった。

青いベンツの前後を、やはりクラシックな車やサイドカー付きバイクが、がっちりとガードしていた。

道を歩いていた人々は道のわきに人垣を作り始めた。

――ほら、ふたりも人垣に加わって。

またQの声が響いた。

ふたりは言われた通り人垣に加わって、近づいてくる車のなかのチョビ髭の男を見た。ケン太はなんか見覚えのある顔だと思った。

人垣を作っている人間たちは一斉に「ハイル・ヒトラー！」と声を揃えて叫び始めた。

「ヒトラーって、あの独裁者の？」

ノリカはケン太に尋ねた。

「みたいだね。映画のロケかな？　人垣を作っている人間は、ぼくたち以外はみんなエキストラとか？」

青いベンツはケン太とノリカの目の前を通りかかった。

左右を見回しながら乗っていたヒトラーの目が、彼を眺めていたノリカの目とあった。

ヒトラーは運転手に停車させ、二列ある後ろの座席に座っていた部下たちになにやら命令し、ノリカを指さした。部下たちは車から降り、走って来て、ひとりの部下がノリカの腕をつかんだ。

「なにするんです？」

「総統閣下が君を気に入られたので連れていく」

「そんな、ケ、ケン太、助けて」

ノリカに助けを求められたケン太は叫んだ。

「なにをするんだ、ノリカから手を離せ」

ケン太はそういって身構えた。彼は道場に通っていて、拳法には多少の自信があった。しかし、所詮は素人で、総統閣下を警護する猛者《もさ》の敵ではなかった。別の部下がいきなりケン太の前に立ちふさがって、彼を殴り倒して、

「総統閣下の命令は絶対だ。もうお前は二度とこの女とは会えないだろう」

と言い渡した。

「そ、そんなことしていいのか。警察に訴えるぞ」

ケン太は痛みをこらえながら抗議した。

もうひとりの部下が拳銃をホルダーから抜いて、ケン太に銃口を向けながらあざ笑うように言った。

「訴えるだけ無駄さ。警察も裁判所も法律も犬もお前に味方しちゃくれない。かえって総統閣下を訴えた罪で、お前が罰を受けることになるだろう。おい、これでもお前が可哀そうだと思って手加減してやってるんだ。女のことはあきらめるんだな」

近くにいた人たちは黙って見ているばかりだった。拳銃を向けられていては、ケン太に

はどうすることもできなかった。連れ去られて行くノリカはケン太に顔を向けながら、涙を流していた。そしてふたりはまぶしい光に包まれた……。

#3　シミュレーション2

ケン太とノリカが目をあけたとき、ふたりは最初にQに声をかけられた場所に立って、手をつないでいた。

ふたりは目を見合わせた。

「なんだったんだ、いまのは？」

「さあ……」

背後から「おい君たち」という声が響いた。振り向くと紺の制服を着た巡査が立っていた。

「あ、お巡りさん、なんでしょうか？」

ケン太が尋ねると、巡査は尋ね返した。

「君たち、未成年だね？」

「あ、はい」

ケン太は答え、ノリカも頷いた。

「じゃあね、きょうから、未成年が公の場で男女交際するのを禁止する法律が始まったから、いますぐ別れなさい。そして、もう二度と会ってはいけない。今度会ったら逮捕するよ」

「え、うそでしょ、そんな法律、聞いたことないです」

ノリカはびっくりして抗議した。

ケン太も黙っていられずに、

「そうですよ。それに第一、だれとどこでデートしようと自由なんじゃなかったんですか？」

と口をはさんだ。

「だから、未成年が公の場で男女交際するのが自由でなくなる法律がきょうから始まったと言ってるんだ。さあ、ふたりとも、並んで後ろを向きなさい。逆らうといますぐ逮捕することになる。ほら、早く」

巡査は怖い顔をして命令した。ふたりはしぶしぶ後ろを向いた。

警官はピストルのようなデバイスを取りだして、ふたりの首筋にGPSを埋め込んだ。

「ちょっと痛かったかもしれないけど、法律に書いてある通りにしたまでさ。いまから君たちの行動は常に監視され続ける。今度会ったらすぐにバレる。そしたらふたりとも監獄行きだ。法律によればGPSを埋め込んでから1時間だけ猶予が与えられているから、その間に気持ちを整理してきっぱり別れなさい」

そう言い渡して警官は去っていった。ふたりはまぶしい光に包まれて目をつぶった。

＃4 シミュレーションの世界ではない、いまここで

目を開けたとき、ふたりの目の前にはQがあの無邪気な笑顔で立っていた。

「ここは、次のシミュレーションのなかか？ まだ続くのか？」

ケン太は睨むような眼でQを見た。

「とりあえずはもう終わったよ」

と答えるQに、ノリカは尋ねた。

「なんで、あんなシミュレーションを？」

「それはね、伝えたいことがあるからだよ」

Qはそう答えて、ふたりを真剣なまなざしで見つめた。

「伝えたいことって？」

ケン太が尋ねると、Qは答える代わりに質問した。

「それはね……。まず聞くけど、いまココをどう思う？」

それはシミュレーションの前に聞かれたのと同じ質問だった。ケン太は答えた。

「全然いい」

ノリカも頷いた。

「あたしも、そう思う」

「なにが全然いいの？」

Qはさらに質問した。

「だって、独裁者とか警官とかにひどい目に合わないで済むから」

ノリカの答えにケン太も頷いた。

Qは質問を続けた。

「つまり、シミュレーション1や2の空間よりも、いまここの空間の方がいいってことだね?」

ふたりはそうだと頷いた。

「なにがいいの?」

「自由があることが。だよね?」

ケン太に聞かれてノリカも頷いた。

「ええ。いままでそんな風に考えたことはなかったけど。そのことを伝えたかったの?」

Qは答える代わりにあの無邪気な笑顔を浮かべた。

「そういうわけか。自由なんて空気みたいに当たり前だと思っていたから。でも……」

「でも?」

「ああ、でも、シミュレーションはシミュレーションだから。総統閣下なんて昔の外国の話だし、未成年のデートの自由をなくす法律なんて実際にはありえないし……」

「いいや、未成年が表参道みたいな場所でデートするのを禁じる法律は、実際にいまのイランっていう国にあるんだよ」

「そうなの? でもそれって、やっぱり外国の法律でしょ?」

「そうよ。イランってイスラム教の国だから未成年の男女交際の自由を禁じる法律があるんじゃない？　そんなの日本じゃ、ありえな〜い」

Qは笑いながら答えた。

「そうだね、過去の人間だとか、外国のものだとか、そこはその通りだよね。でも、問題はそこじゃないんだよね」

「そこじゃなかったら、どこだと言うの？」

ノリカは首をかしげた。Qは少し間をおいてから、その質問に答えた。

「この国には独裁者がいて好き勝手な命令を出すこともないし、君たちのデートを禁止する法律もないよね？」

「うん」

「それって、どうしてだと思う？　なにがそういうものからみんなを守ってくれているんだと思う？」

ケン太とノリカは顔を見合わせた。

「わかる、ノリカ？」

「さあ。あなたは？」

「さあ……なんだろう？」

ふたりはQを見た。Qはこう言った。

「人は空気があるから生きている。魚は水があるから生きている。でしょ？」

「そうね」

「でも、人は空気があることを意識しないで生きている。魚は水を意識しないで生きている。意識していてもいなくても、空気がなければ人は生きられないし、水がなければ魚は生きられない……」

「意識していないなにかが、ぼくたちを独裁者や自由を禁じる法律から守っているって、そう言いたいんだね？」

「そう」

「あたしもケン太と同じことを思った。その意識していないなにかって、なんなのかしら？」

「知りたい？」

Qはふたりに尋ねた。ふたりは頷いた。

「OK。じゃ、ほら、あそこに、黒い帽子をかぶった人がいるでしょ？」

Qの指さす方向を、ふたりは見た。道に面したカフェテラスの、外の丸いテーブルの席に黒い帽子と丸メガネの男が座っていた。彼はケン太、ノリカ、Qの3人に向かって手を振った。

「さあ、あそこに行って、お茶でもご馳走してもらいながら話を聞いてみて。ぼくも一緒に御馳走になるから」

Qはそう言って無邪気な笑顔を浮かべた。

＃5　この本のタネあかし

3人が丸いテーブルに座ると、黒い帽子に丸メガネの男は自己紹介した。

「はじめまして。ぼくはライターのジュンと言います」

「へえ、ライターって、雑誌とか本とかに文章を書く人ですよね？」

ノリカは興味深そうに尋ねた。

「そうです。そして、いまから、ぼくが君たちと話を進めるための前置きとして、まず第一に重要な事実を伝えたいと思います」

「なんですか、その事実って？」

「それはね、君たちは実は、本のなかの登場キャラだという事実です。Qもそうだし、ぼく自身もそうだし。そして、この本を書いているのは、キャラではない、現実世界の本物のぼく、この本の著者のぼくなんです」

「なに、それ？　ワケわかんない」

　ケン太はあきれ顔で言った。ノリカも頷いた。

「そうでしょうね。でも、これは、どちらかと言えば、いま現実世界でこの本を読んでいる読者に向かって言っていることなんです」

「なんのために、そんなことを読者に向かって言う必要があるんですか？」

　ノリカは質問した。

「この本は小説風にフィクションとして始まって、フィクションとして書き進んできていますよね？」

「そうね」

「この本はこの先もフィクションとして続きます。でもね、これからぼくが話すことはすべて、現実世界の著者のぼくが現実世界の読者に伝えたい、現実世界の本当のことなんです」

「ふ〜ん、なんか利用されているような感じ。ギャラもらわなきゃ割に合わないっていうか、ね？」

ノリカはケン太に同意を求めた。ケン太も頷いた。

「だからとりあえず、まずお茶でもご馳走しようかと。さあ、なんでも好きなものをオーダーしてください。そうそう、あと、この本にでてくるもうひとりのキャラ、ジャーナリストのＫＥＮの話すことも、現実世界のＫＥＮが現実世界の読者に伝えたい、現実世界の本当のことだということを覚えておいてください」

＃6　ケンポーの主役

ケン太とノリカはコーヒーフロートを、Ｑはココアをオーダーし、それらがテーブルに運ばれて来た。

その間に話は始まっていた。

「意識していない、空気みたいななにかが、ぼくたちを独裁者や自由を禁じる法律から守っているってところまではわかったんですけど……」

ケン太はそう切り出した。ジュンは笑いながら、

「ケン太君はたしかケンポー（拳法）が得意だったね」

「ええ、まあ。でも、総統閣下やその部下にはかなわなかったけど……」

とケン太は答えた。

「じゃ、こっちのケンポーは？」

ジュンはボールペンを出し、テーブルにあった紙ナプキンに二文字書いてケン太に渡した。

【憲法】

そう書いてあった。ケン太はそれを見ながら、

「そういうものがあるということは知っていたけど、それ以上は……」

と答えた。ノリカも、

「あたしもそんなところかな」

と答え、

「ねえ、憲法ってなんですか?」

と尋ねた。ジュンは答えた。

「家には設計図があって、家というのは設計図の通りに建つでしょ?」

「はい」

「それと同じように、国にも設計図があって、その設計図が憲法なんだよね」

「そうだったんだ」

「ああ。独裁ができない国であるように設計してある設計図に基づいて作られた国には独裁者は生まれないんだよね。また、デートの自由を奪う法律も含めて、みんなの自由を奪う法律は作れない国であるように設計してある設計図に基づいて作られた国にはそういう法律は生まれないんだよね」

なるほど、と頷いてから、ケン太が質問した。

「で、国の設計図ってどんな風に書くんですか?」

「いい質問だね。国の設計図で一番重要なのは、だれが国の主役かを決めることなんだよね」

「どういうことですか?」

「ほら、一番わかりやすいのは、シミュレーション1だよ。『独裁者』と、それから君たちも含めて、道の脇に人垣を作った人たちが出て来たでしょ?」

「ええ」

「人垣を作った人たちは『一般国民』だと言っていい。そうすると、シミュレーション1には、『独裁者』と『一般国民』とが出て来たわけだけど、どっちが主役だったんだろうか?」

「それはもちろん、『独裁者』でしょ?」

「その通り。主役だからあんな風に命令ひとつでノリカちゃんを合法的に誘拐することができちゃうんだ。そして国民は脇役。主役は脇役の上に立って、脇役を支配できてしまう」

「じゃ、シミュレーション1の国の設計図は、『独裁者が主役の設計図』ってわけね?」

「そういうこと。じゃ、シミュレーション2の主役と脇役は?」

そう問われて、ケン太とノリカはちょっと考え込んだ。

「そうね、脇役があたしたち一般国民だということはすぐにわかるけど……」

「ああ。でも、登場したのは、一般国民以外には巡査だけだし。でも、巡査は主役じゃないと思うし……」

　Qがふたりにヒントを出した。

「ねえ、高飛車だったり、問答無用だったりするようないやな警察官のことをよく『権力の犬』っていうじゃない？」

「じゃ、その犬の飼い主の、『権力』が主役だということ？」

「そういうこと。そして、『権力』というのは政府や議会を支配している人たち、つまり権力者たちのことだと考えればいい」

　とジュンは答えた。ケン太は頷いて、

「わかった。まとめると、シミュレーション2では、国の設計図の主役は『権力または権力者たち』で、脇役は私たち『一般国民』だということになる。主役の権力者たちは脇役のぼくたち一般国民の上に立ってそれを支配できる」

「そういうこと」

「あたしたちのデートの自由を奪う法律も、権力者が作ったものだったというわけね」

「そう。そういう、権力者が主役である設計図によってつくられた国では、権力者たちは、独裁者のように直に命令で一般国民の自由を奪うことはできないけど、でも、法律を作れば一般国民のいろいろな自由を奪うことができるんだよね」

とジュンは説明した。

「でも、やりすぎると一般国民の反発を食らって、引きずり下ろされたりしちゃうんじゃない？」

とケン太。

「その通り。それは権力者たちのなかの最強の権力者である独裁者にも言えることだけどね。ところで、いま、ここのこの国の場合は、国の設計図上の主役はだれ？『独裁者』、『権力者たち』、それとも『一般国民』？」

ジュンはさらに質問を続けた。

「そうね……」

ノリカは少し迷った。それは、ケン太も同じだった。Qがまたヒントを出した。

「迷う気持ちはわかるよ。自信をもって答えられないというか……。でも、ここはシンプルに、いまこの国では、ふたつのシミュレーションの場合と違って、独裁者の命令ひとつでノリカが合法的に誘拐されることも、デートを禁止する法律もありえないということから、答えを出してみたらいいんじゃないかな？」

「そうね。そういう意味では、独裁者も権力者たちも主役ではなくて、独裁者・権力者たち・一般国民の3つのうちで残るのは一般国民だけだから、そういう意味では、いまこの国の主役はあたしたち一般国民だということになる……」

「ぼくもそう思うけど……」

ジュンは笑いながら言った。

「正解だよ。その一般国民である君たちがあまり自信なさそうに正解を口にする気持ちも、またどうしてそんな風に答えるようになってしまっているかという事情もわかるけどね」

「事情って、どんな？」

ノリカは質問した。

「この国では、あまり教師も親もおエライさんも子供たちに憲法を教えたり〝主役イシキ〟を育てたりしてきてはいないからね、ほとんどまったくと言っていいほどで、これまで話した流れのなかで、ぜひ、押さえていて欲しいことがあるんだよね」

ジュンはそこでいったん言葉を切った。ケン太が「どんなことを、ですか？」と質問した。

「国の設計図上の主役は脇役をシステム上支配することができるわけで。シミュレーション1で独裁者が一般国民を、シミュレーション2で権力者が一般国民を、支配できるようにね」

「そこはわかりました」

「OK。じゃ、同じように考えたら、いまここのこの国では、『主役である一般国民』のひとりの君としてはどういうことが言えますか?」

「えーと、主役は脇役の上に立ち、それを支配できるんだから、一般国民は権力者の上に立って、それを支配できるっていうことに……。そういうことが本当にできるんですか?」

ケン太はいかにも自信なさそうな顔をしていた。

「わかるよ。いまの君の気持ち。みんなの〝主役イシキ〟を育てることを、教師も親もおエライさんもほとんどしないできたから。でも、そういうことが可能だってことの例をひとつ教えようか?」

「どんなことですかね?」

「ほら、選挙。国の設計図である憲法の主役は一般国民で、みんなが1票ずつ選挙で投票できる。脇役である権力者は選挙で負ければ権力者の座を降りないわけにはいかない」

「ああ、たしかに……」

「それだけじゃない。『一般国民』は選挙で自分たちのために働いてくれる人たちを国会の多数派にすることができる。そういう多数派のなかから内閣というものができる。

そのように、主役である一般国民が議会と内閣を支配し、コントロールして、自分たちのためになる法律を作らせたり政府を動かしたりできるシステムを、憲法は主役である国民のために設計し、作らせているんだよね。

そういうシステムを活かせるかどうかは主役であるみんな次第なんだけどね」

「わかりました。まだ、一応、くらいだけど、ね？」

ケン太はノリカを見た。ノリカも頷いた。

「嬉しいな。それで十分だよ、とりあえずは。な、Q？」

そう言われたQも、無邪気に笑いながら頷いた。

＃7　目にみえない守護神

「質問があるんですけど」

　ノリカが言った。

「どうぞ」

「まず、システムっていう言葉がでてきたけど、憲法って、選挙とかも含めて、国のシステムの設計図なんですね？」

「そうだね。国は木やコンクリートなんかで作る建物じゃないからね。憲法は国のシステムとか制度とかの設計図だっていった方がいいかも」

「わかりました。それで、次の質問なんですが、憲法には大きくわけて、『独裁者が主役の憲法』と、『権力者が主役の憲法』と、『一般国民が主役の憲法』と、三種類あるということになるんでしょうか？」

「そう考えていいね」

「『独裁者や権力者が主役の憲法』はあたしたち一般国民から自由を奪えるけど、『一般国民が主役の憲法』は独裁者や権力者の横暴からあたしたちを守ってくれる、そういう守護神だということね」

「その通り。それがどんな風に、目に見えない形でみんなを守ってくれているか、もう少し見てみようか？」

「お願いします」

「じゃ、Q、君の出番だ。またシミュレーション空間にふたりを連れていってあげてくれ」

「了解。じゃ、行ってみようか？」

Qはケン太とノリカに向かって微笑んだ。まぶしい光がふたりを包み込んだ。

＃8　シミュレーション3―1

目をあけるとふたりは高校の制服を着て、クラスメートたちと一緒に、ホームルームの時間に、文化祭でなにをするか話し合っていた。

「マンガ喫茶をやろう」

「お化け屋敷をやろう」

「ファッションショーをやろう」

といったアイディアが出た。ノリカはハイと手をあげて、

「ミュージカルをやろうヨ」

と提案した。

みんなでわいわいがやがや話し合ったが、全員一致でなにをやるか決めることはできず、そうしているうちにホームルームの終わる時間が迫ってきた。

「それでは、全員一致で決めることができないうちに時間がなくなってきたので、多数決で決めましょう」

と宣言した。

多数決の結果、ノリカの提案したミュージカルをやることになった。

まぶしい光がケン太とノリカを包んだ。

#9　シミュレーション3—2

目をあけるとふたりは高校の制服を着て、クラスメートたちと一緒に、ホームルームの時間で、文化祭でなにをするか話し合っていた。

「マンガ喫茶をやろう」

「お化け屋敷をやろう」

「ファッションショーをやろう」

といったアイディアが出た。ノリカはハイと手をあげて、

「ミュージカルをやろうヨ」

と提案した。

みんなでわいわいがやがや話し合っているうちに、いきなり先生が立ち上がって、

「よし、そこまで。先生は書道パフォーマンスをみんなでやったらいいと思う。どうだ、おもしろそうだろ？　よし、決まりだ、書道パフォーマンスをやることにしよう」

え～、マジかよ、なにそれ、だったらなんでうちらの意見を聞いたの、などなど生徒たちは不満を口にした。先生はどんと机をたたき、

「うるさい。一応意見を聞いて、俺と同じ意見がでるかどうか、たしかめたかっただけだ。最初から俺が決めてもよかったんだけどな。これ以上文句を言う奴は廊下に立たせるぞ」

と叫んでみんなを黙らせた。

まぶしい光がケン太とノリカを包んだ。

＃10　わたしたち目線からは

目を開けるとふたりはカフェテラスのテーブルに戻っていた。

Qはふたりに向かって無邪気に微笑んだ。

「いまのシミュレーション3―1と3―2について、ふたりの思ったことを話してみて」

まず、ケン太が自分の思ったことを口にした。

「いまどき、シミュレーション3―2のような先生はいないと思うけど、でも、そういう先生が実際にいたら、そういう教師が担任のクラスには入りたくないというか」

ノリカは肩をすくめながら首を横に振った。

「んー、あたし、結構Mだから、そういう教師に支配された方が快感かも」

「マジ？」

「ジョーダンよ、当然。あんなやつに支配されるなんて、ムリ。ホームルームの時間50分を消化するためとか、そういった目的のために生徒たちに話させておいて、でも、結局は自分の考えをみんなに押しつけて、逆らうと罰するって脅すんだから」

「まったくだよね。そんなことするんだったら、最初から自分の考えをさっさとみんなに押しつけてホームルームを終わりにして、次の授業まで遊ばせてくれるとかした方がまだましだ。結局、俺らには自由に考えや意見を言ったりして、話し合って決めることはできないんだから」

Qはふたりに質問した。

「シミュレーション3—1と3—2はそれぞれ、どんな憲法の空間だと思う？」

「そうね、3—1は『あたしたちが主役の憲法』の空間で、3—2は『独裁者が主役』の空間」

ノリカは答えた。

「いや、担任の先生はだれかの子分で、そういう意味では権力の犬だから、『権力者が主役の憲法』の空間じゃないかな？」

「なるほど。かもね」

「ああ。でも、話し合っているうちに思ったことがあるんだよね」

ケン太はノリカに言った。

「なに？」

「うん、それはね、俺らからみたら、『独裁者が主役の憲法』も『権力者が主役の憲法』も、俺らの自由を奪えるという点で同じだということ。独裁者は、最高の権力者なんだしね」

「そういう意味では、あたしたち目線からは、憲法は『あたしたちが主役の憲法』と、『独裁者も含む権力者が主役の憲法』と、二種類しかないということになるよね？」

「そうそう」

ケン太は頷いた。

Part 2
主役がわかるとみえてくる

＃11 国民が主役という意味の

黙って3人のやりとりを聞いていたジュンが口を開いた。

「いまの話のなかで見えてきた、『みんなが主役の憲法』と『独裁者も含む権力者が主役の憲法』との違いをまとめてみてもらっていいかな？」

ケン太とノリカは頷き、ケン太が自分なりのまとめを口にした。

「俺ら『一般国民が主役の憲法』は、自分の意見や考えを口にしたりする自由、みんなで話し合って決める自由を守ってくれている。でも、『独裁者も含む権力者が主役の憲法』では、独裁者や権力者が勝手に決める自由は守っていても、俺らが自分の意見や考えを口にしたりする自由は守ってくれていない。ということじゃないかな？」

「あたしもそう思う。ねえ、ジュンさん、ほら、言論の自由って言葉があるでしょ。それって、4―1のように、自分の意見や考えを口にしたり書いたりする自由のことなのね」

「そう。いまここの空間の憲法が言論の自由を保障しているというのはそういう自由を保障しているということなんだね」

「意見や考えを口にするだけじゃなく、みんなに関係することをだれにも邪魔されることなくみんなで決める権利も、保障されているということよね？　あれ、あたし、権利っていう言葉を使っていた……」

「それでいいんだよ。憲法で権利という言葉をこういう場合に使うときには、『私（たち）にはみんな話し合って決める自由がある。だから独裁者も含めた権力者よ、あなたたちが私たちの自由を奪うことはこの憲法では禁じられている。この憲法では、あなたたちにはそういう自由はない』

というような、独裁者を含めた権力者の好き勝手（＝自由）を禁止するというはっきりとした意味があると考えたらいいと思うよ」

「憲法の言葉でそういう権利のことはなんて言うんですか？」

「決める権利だから、決定権。独裁者を含めた権力者ではなく一般国民に決定権があるということを、『国民には最高決定権がある』とか表現するんだよね。いまここの空間の憲法の主役は一般国民なんだから、当然、最高決定権も主役である国民にあるということになるんだよね」

ケン太は、

「一般国民が主役だってことは、憲法の言葉ではなんていうんですか？」

と質問した。ジュンは答えた。

「うん、『国民主権』っていうんだよ。ついでに説明しておくと、ほら、『民主主義の憲法』という言葉があるでしょ？」

「うん」

「それは『国民が主役という主義の憲法』という意味なんだよね」

「なるほど。よく『民主主義イコール多数決』みたいにいう人もいるけど、『民主主義』っていう言葉の意味は、本当は、もっともっと深くて広い意味があるというか」

「その通り。ねえ、ノリカちゃん、いま君は、『民主主義イコール多数決』をどう思うかな？」

「そうですね、民主主義って要するに『この国ではどんなことも全て、権力者じゃなくて国民が主役です』って意味なんでしょ？それをみんなに関係あることの決め方だけに限定して言っているのが変だと思うし、それにその決め方にしても、ただ多数決というだけでは舌足らずというか……」

「つまり？」

「つまり。3―1みたいに、みんなで決めることがあるときに、まずみんなが自由に意見や考えや案を出し合って、お互いに質問し合ったりしてお互いの理解を深めながら、できれば全員で一致できる案を採用する。時間切れなんかで全員が一致できる案を決められない場合は、最善のやり方ではないけど、現実的に考えて、多数決で決める。そういうのが民主主義的な決め方だから」

「ぼくもそう思うよ。ところで、もっと憲法のことを知りたいかな?」

「ええ」

「じゃ。Q、次のシミュレーションを頼むね」

「了解」

Qはケン太とノリカをまぶしい光に包んだ。

#12 自己決定権

目を開けたとき、ふたりは手を組んで歩いていた。交番の前に差し掛かったところ、若い巡査と中年の巡査、ふたりの巡査が飛び出してきた。

若い巡査はケン太を捕まえて、

「若い男はきょうから坊主頭でないといけないことになった」

と告げ、バリカンでケン太の髪の毛を刈り取った。

中年の巡査はノリカを捕まえて、

「きょうから若い女のピアスは禁止されたから」

と告げ、ノリカに耳のピアスを外させて没収した。

巡査はふたりに尋ねた。

「ところで君たち、スマホは持っているか?」

ふたりがはいと答えると、巡査は言った。

「スマホにゲームアプリは入っているかい?」

「自分の方には入っていますが」

ケン太がスマホの画面を見せると、巡査は告げた。

「そのゲーム、先週から法律で禁止になっているから、いますぐ、本官の目の前でアプリをアンインストールしなさい」

#13　病院でのシミュレーション

目をあけるとノリカはひとりで病院にいて、会計の順番を待っていた。やがて彼女の番になった。カウンターに行ったノリカは請求額を見てびっくり。病院の職員に尋ねた。

「ただの風邪に7万5千円って高すぎませんか？　保険はきかないんですか？」

「保険って、なんのことです？」

#14　バイト先でのシミュレーション

目をあけるとケン太はひとりで、バイト先で給与明細を受け取るところだった。

彼は受け取った給与明細でバイト代がいくらか確認したところ、時給がたったの280円だった。

「これって少なすぎじゃ。最低賃金の3分の1にもならない金額じゃないすか？」

「最低賃金？　いったい全体なんのことだ？」

#15　自分の幸せを追求する権利

目を開けるとふたりはカフェテラスのテーブルに戻っていた。

「それじゃ、いまの3つのシミュレーションについて、思ったことを言ってみて」

Qに言われて、まずノリカが思ったことを口にした。

「そうね、3つとも、権力者があたしたちの自由を法律で奪うことができる空間。つまり、『権力者が主役の憲法』の空間だと思った」

「そういうことだね」

「で、#9は、あたしたちのファッションの自由が、法律か命令かのどちらかで奪われた」

「そうだね」

「で、あとのふたつだけど」ケン太が口を挟んだ。「#13では、保険では病院にかかれる権利がない憲法の空間で、#11は最低賃金が保障される権利がない空間だってことになるよね」

「そうだね」

ノリカはジュンに質問した。

「ファッションの自由の権利、保険で病院にかかれる権利、それから最低賃金を保障される権利は、いまここの『あたしたちが主役の憲法』には書いてあるんでしょ？」

「ああ、書いてあるよ」

「そういう言葉で書いてあるんですか？」

「それはね……。まず、聞きたいんだけど、ねえ、いまここの憲法はなんていう名前の憲法か知ってる？」

「なんか、どこかで聞いたか読んだかしたと思うけど、たしか、ニホンコクケンポーとかでしょ？」

「そう、日本国憲法。その日本国憲法第13条に、一人ひとりがそれぞれの幸福を追求する権利、幸福追求権というのが書かれているんだよね」

「ふ〜ん、それ、なんかクールかも」

「でしょ？　で、自分の幸せを追求する権利だから、自分の好きなヘアスタイルをしたり、自分の好きな服を着たり、自分の好きなアクセをつけたり、好きなゲームをしたりする権利も含まれている。自分の生き方や在り方や見せ方や暮らし方なんかを自分で決められる権利、自己決定権が保障されているということになる」

「なるほど。自分の幸せを追求していい権利なんだから、当然、自分の好きな人とつきあったりする権利もあるってことね？」

「そう」

「シミュレーション1や2では、そういう自分の幸せを追求する権利を奪われたということなのね？」

「その通り。独裁者の命令や権力者によってつくられた法律によってね」

＃16　3つの特徴

「どうかな？　だいぶ憲法のことはわかってきたんじゃないかな？」

ジュンの質問にケン太とノリカは頷いた。

「いまここの空間の憲法、日本国憲法には、3つの特徴があるんだよね。ひとつ目は、『一般国民みんなが主役の憲法』だということ」

「国民主権の憲法だということね？」ノリカは尋ねた。

「そう。ふたつ目は、みんなが独裁者や権力者に縛られたりひとつの色に染められたりすることなく個性的な個人として生きる自由と権利が保障されていること。もう少し難しい言葉で言うと、みんなの基本的人権が尊重されていること」

「キホンテキジンケン？」

「そう。そして、３つめは、戦争に巻き込まれずに平和に生きられることを保障するルールの入っている憲法だということ」

「ふーん？」

「憲法の言葉でいうと、平和主義」

「ヘイワシュギか。悪くないね」

「だよね。まとめると、日本国憲法の３つの特徴は、国民主権、基本的人権の尊重、そして、平和主義」

日本国憲法の三大原則・国民主権

・基本的人権の尊重
・平和主義

「3大セールスポイントってことだね？」

「そういってもいいね」

「3大チャームポイントかも」ノリカは微笑んだ。

「それ、いい言い方かも。で、3つの特徴のなかで、もっともユニークなのは平和主義なんだよね」

と言ったのはQだった。

「そうなの？」

「うん。というのも、日本国憲法には『日本は軍隊をもちません。兵器をもちません』というルールが書かれていて、そういうルールを持つ憲法は世界中で、日本国憲法ただひとつなんだよね」

「すごい」

ノリカは手を叩いた。

しかし、ケン太はちょっと心配そうな表情で、つぶやくように言った。

「でも、軍隊を持たなくて大丈夫なの？」

「そのことについてはあとで、じっくり話そうよ。その話に行く前に、もう少し一緒に考えたいことがあるから。そのことを考えてからケン太の質問の答えを考える方がわかりやすいと思うしね」

Qは笑いながら答えた。

＃17　権力者が主役の憲法が日本にあった

「なんなの？　その話に行く前に、もう少し一緒に考えたいことって？」

ノリカは質問した。

「ああ。実感の話っていうか……」

「実感？」

「うん。ねえ、生まれてからいままでの間に、憲法を実感したことってあった？」

「ううん」

「当然、それが『自分たちが主役の憲法』だということを実感したこともなかったし、ましてや、『権力者が主役の憲法』なんてものを実感したことはなかったでしょ？」

「うん。きょうのいろいろなシミュレーションを体験するなかで、ちょっとは実感できたかなっていう感じかな」

「そういう、『権力者が主役の憲法』が日本にもあったことも知らなかったでしょ？」

「そんな憲法、いつあったの？　江戸時代とか？」

「江戸時代の日本には憲法はなかったよ。その次の時代の明治時代にできた憲法は、『権力者が主役の憲法』だったんだよね」

「そうだったんだ？」

「うん。その憲法は大日本帝国憲法《だいにほんていこくけんぽう》というもので、法律でみんなの自由や人権を奪うことのできる憲法だったんだ」

「へぇこわい」

「うん。それだけじゃない、戦争ＯＫの憲法でもあったんだよね。そういう憲法を持つ国だった日本は昭和の時代に入って、政府のやり方に反対する人たちの口を封じてみんなを戦争に引きずりこみ、310万人もの軍人・市民の戦争犠牲者を出し、広島・長崎に原爆まで投下されて戦争に負けた。亡くなった230～240万人もの軍人の多くは餓死と病死だったと言われているんだよね。権力イコール政府が負けの見えた戦争を『勝っている』と言い張って、無責任にそして非現実的にめちゃくちゃに戦争をやり続けた結果……」

「考えられない……」

「まったくだよね。戦前の大日本帝国憲法の3つの特徴は、権力者が主役、みんなの人権は法律で制限できる、戦争OK、この3つだったんだよね。そのおかげで、彼らに支配された国民は、特に戦争中にエラい目にあった。310万人も死んだんだから、家族・親戚のうちに死者のいない方が珍しかったんじゃないかな。みんなの生活を犠牲にして戦争を続けた結果、ほとんどの人が飢え、爆撃や原爆投下で国はめちゃくちゃになった」

「それで、戦争に負けたあと、真逆の、国民主権、基本的人権の尊重、平和主義の3つを特徴に持ついまの憲法ができたんだね」

　とケン太は言った。

「そう。そして、『権力者が主役』『みんなの人権は法律で制限できる』『戦争OK』という3つの特徴を持つ大日本帝国憲法は歴史の表舞台から引退したんだよね、いったんは……」

「『いったんは……』、って？」

ノリカはジュンのその言い方が引っかかった。

「そのことを話す前に、戦争に負けたあといまの憲法がどんな風に生まれたのかを、ジュンさんに話してもらいたいんだけど、いいかな？」

＃18 ショウチョウテンノウ

Qに尋ねられたジュンは答えた。

「いいよ、でもその前に、天皇について聞いてもらっていいかな？」

というジュンにケン太とノリカは頷いた。

「実は、太平洋戦争で負けるまでの大日本帝国憲法は、天皇が一般国民に与える形でできたんだ」

「じゃ、天皇は独裁者だったの？」

ノリカは尋ねた。

「憲法上はその通りで、『大日本帝国憲法の主役は天皇』で、『一般国民はその天皇に仕える人間たち』で、法律によって自由や権利を奪われるポジションにあった」

「そうだったんだ」

「ああ。大日本帝国憲法では、法律をつくるのは天皇、と書いてあった。また、軍隊の最高司令官も憲法上は天皇で、議会の役割は天皇が法律を作るのをアシストすることだった」

そう答えるジュンにケン太は質問した。

「憲法上はそうだということはわかった。それで、実態はどうだったの？　天皇はひとりでなんでも決めていたわけではないとか？」

「まわりにいた権力者たちと一緒にすべてを決めていたというのが実態だったと思うよ。天皇のＯＫがなかったら戦争にかかわることも含めてなにも決めることはできなかったという事実もあった」

「なるほど。とにかく、大日本帝国憲法は天皇も含めた権力者が主役の憲法だったということだね」

「そういうこと。それが、戦争のあとできた日本国憲法つまりいまの憲法では、天皇陛下は象徴天皇になった」

「ショウチョウテンノウってどういうこと?」

「要するに、憲法上の独裁者だった大日本帝国憲法の天皇と違って、『権力を持たない天皇であり、権力に利用されることのない天皇』だと覚えておいて」

Part 3
守護神のおとうさんたち

＃19　憲法のおとうさん

「コミックの本を作るとき、作品を書く作家と、それを読んだうえで、もっとよい作品にするために必要なら作家にアドバイスしたりする編集者とがいることは知ってるね？」

「ええ」

「作家の書いた原稿を、編集者はよく読んで、必要があれば、削ったり書き加えたり、なおしたりして、ベストの作品に仕上げる。で、まず、日本国憲法の作者がだれか、そのことを話そうか。まずは平和主義、憲法第９条に関する部分について」

「はい」

幣原喜重郎（しではら　きじゅうろう）

１８７２年９月13日（明治５年８月11日）～１９５１年（昭和26年）３月10日没）日本の外交官で政治家。位階は従一位。勲等は勲一等。爵位は男爵。外務大臣、貴族院議員、内閣総理大臣臨時代理、内閣総理大臣（第44代）などを歴任。

近現代 PL/ アフロ

「このおじさんが誰か知ってる？」

「さあ」ノリカは首をかしげ、ケン太も「わかんないな～」と答えた。

「この人は幣原喜重郎《シデハラキジュウロウ》という人なんだよ」

「シデハラキジュウロウ？」

「そう。シデハラさん。戦争に負けたあとの、二番目の総理大臣で、この人という作家が日本国憲法に『日本は軍隊も兵器も持たない』というルールと『象徴天皇制』のルールをセットで入れることを編集者に提案した。編集者もそのルールを日本国憲法に入れることに賛成して、そのように編集作業を進めたんだ」

「そうだったんだ？」

「うん。編集者というのは、敗戦後の日本を占領していた連合軍の最高司令官のマッカーサー元帥という人だったんだけどね」

「へえ」

「でも、シデハラさんは自分が『日本は軍隊も兵器も持たない』というルールと『象徴天皇制』のルールをセットで入れることをマッカーサー元帥に提案したことをほとんどだれにも言わないまま亡くなった。だから、この70年間、世界の多くの人が、日本国憲法の『日本は軍隊も兵器も持たない』というルールと『象徴天皇制』のルールの作者はマッカーサー元帥だと誤解してきたんだよね」

「実に興味深いなぁ」

とケン太は思わず言った。

「どうしてシデハラさんはそのことをほとんどだれにも言わないまま亡くなったの？　だのに、どうしてジュンさんはそのことを知っているの？　シデハラさんってどんな人だったの？」

「あたしも知りたい」ノリカも身を乗り出した。

「オーケー。じゃ、まず、シデハラさんってどんな人だったか話そうか？」

＃20　シデハラさんってどんな人？　1

「シデハラさんの特色を3つ言うね。

一番目　ほかの人は思いつかない、みんなが呑めるような提案ができる人

二番目　自分を曲げなかった人

三番目　人生の使命をまっとうするために、運命によって生かされた人」

「おー、なんかドラマチック」とケン太。

「だね。まず、一番目から話すよ。彼が外交官だった時代、1921年に世界の軍隊と兵器を減らし、戦争の原因になりそうな問題も解決するための、人類初めての国際会議がアメリカのワシントンで行われたんだ。その世界の大ステージで、スーパースターになったのがシデハラさんだったんだよね。ほかの人には思いつかなかった、みんなが呑める提案をして会議をまとめた。それも命をかけてね」

「命をかけて?」ノリカは尋ねた。

「そう。実は、この会議の始まる前からシデハラさんは健康を害し、腎臓結石という病気に苦しんでいて、そういう状態でワシントン会議に参加したんだよね。この会議で決まった3つの主なことはみんなシデハラさんの提案なしには決まらなかった」

「それでスーパースターになっちゃったのね?」

「そう。一番のグッドジョブは日本と中国の戦争の原因をなくすための話し合いのときだった。話し合いは暗礁に乗り上げて、日本側の話し合いの責任者はほとんどヤケになって、病気で寝込んでいたシデハラさんに、『君に寝てしまわれてはもうどうにもならん。今晩はひとつ、ニューヨークのクラブにでも行って、遊んでこようか』みたいなことを言った。それを聞いたシデハラさんは病気の体にムチ打って、空中分解寸前の日本と中国との話し合いに出席したんだ」

「大丈夫だったの？」とノリカ。

「まあ、なんとかね。そのときのシデハラさんは何週間も寝ていたので、もう足はフラフラ。彼が寝ていた大使館の階段は相当長く、やっと降りて、抱かれるようにして自動車に乗った。会議場のあるビルに着いたら、会議場に続く階段も、これまた相当長かった。やっと登り切ったときには、まわりが『大丈夫か？　倒れるんじゃないか？』と心配して聞いてきたほどゼーゼー息切れしていた。『いやあ、まあ、なんとか』とか答えながらやっと我慢して椅子に座っていると、中国の全権たちがやってきて、『あなたが出られるようになったのは嬉しい』と声をかけてきた。敵味方を超えて、シデハラさんは信頼されていたんだよね。

さて、会議が始まると、中国全権は日本を盗人のように言いだした。それを聞いていたシデハラさんは黙っていられなくなって、中国全権に対してこう言った。『ちょっと待ってください。日本は中国の鉄道その他を、奪い取るようなことを言われるが、それ、違いますよ。

お金を払って買いとるという話だったでしょ？　日本はちゃんとお金を払うのだから、盗人でもなんでもないと思うんですけど。過去の記録を、よく調べてごらんなさい』それを聞いた中国の全権は『それならば、われわれも誤解していた』『それならば日本の態度は判る』などと言いだした。そんなわけで、スッタモンダはあったけど、とにかく話はついて条約が結ばれたんだ」

「へぇ……」とケン太。

「この話にはまだ続きがある。帰国後のシデハラさんは、ワシントン会議を主催したアメリカの大統領ハーディングから一通の手紙をもらった。その手紙にはこう書いてあった。『正直に言えば、どうしてあの会議のあとに、あなたが長生き出来るか、われわれは不安の念をもって見ていました。ところがあなたは、日本に帰られて、大分具合がいいということを聞いて、非常に嬉しい』と。シデハラさんはすぐに返事を書いたんだけど、それが届く前に、心配の手紙をくれたハーディングの方が脳溢血《のういっけつ》で急死してしまったんだよね」

「マジ？」

「うん。まったく人生はなにがあるかわからないよね。その『なにがあるかわからない』が、戦後、シデハラさんによって、日本にとって世界にとって、今度はポジティブな形で起こるとは、その時の彼自身に予期できるわけはなかったんだよね」

＃21　シデハラさんってどんな人？　2

「二番目の特徴は『自分を曲げなかった人』。戦時中、戦争にみんなで協力する体制翼賛会というものが作られ、それが議会では翼賛政治会というものになった。ところが、当時議員だったシデハラさんは翼賛政治会にはいらなかったんだよね」

「よくわからないけど、それって大変なことだったんじゃないの？」とノリカは尋ねた。

「その通り。すると憲兵がシデハラさんの家に押しかけて来た。憲兵というのは軍隊の中の警察官で、軍人以外も捕まえて、拷問したりもしていたから、みんなからとても恐れられていた。その憲兵がシデハラさんに向かって、『あなたは翼賛会に入ることを不賛成と返事されたそうですね。戦争をみんなで進めるムードに水を差す気ですか？　それではおもしろくない事態が起って来るかもしれませんから、そのお返事は撤回されてはいかがでしょうか。これは隊長の命によってあなたに御注意申しあげる』と脅した。シデハラさんは、『ご注意は承りました。しかし、あの返事は自分で書いて出したもので、その決心を変える意思は毛頭ありません』と答え、さらにこう言ったんだよね。

『ところであなたにひとつ訊きたいが、よろしいかな』

『はあ、なんでしょう？』

『いやね、アメリカでは戦争をはじめるためには国会の承認を求めることになっているのですが、今度のアメリカの対日参戦については、ひとりを除いて他の全部が賛成の投票をしましてね』

『へえ？』

『反対したのはだれかと言うと、夫人議員一名だけで、これが敢然《かんぜん》反対投票をしたんです。これはなにを物語ると思いますか。婦人というものはたいがいあまり抗争的ではないので、だからもしだれかがその婦人に対して、あなたが私のところへ言って来たように、あなたひとりで国民の一致を破ることはできませんから、やはり賛成投票をしてはどうですかと説きつけたならば、その婦人はあるいは強いて反対論を言い張らなかったかもしれません』

『かもしれませんね……』

『しかるにその婦人が断然反対投票をしたということは、それはだれもその婦人の意思をまげようと努めなかったことを証明していると思います。これが重要な点です』

『はあ……』

『これに対してドイツの国会というものは、ヒトラーの演説は新聞に詳しく報道されるけれども、議場で政府案が可決されたか、などということは少しも報道されません。これは当たり前のことで、議員は全員一致でヒトラーに賛成することに決まりきっているので、それを報道する価値がないからです。そこで質問です。どうぞ二択で答えてください。

あなたは、ドイツのように不自然の全会一致がいいか、

アメリカのようにひとりだけでも反対する者は反対させ、自然の全会一致または大多数の一致によって決するという形をとる方がいいか、どっちがいいと思いますか？ よく考えて御覧なさい。私は反対する者には反対させ、賛成したい者が賛成すれば、これは自由意思で賛成したということがハッキリして、投票の本当の価値というものが発揮されると思います。さあ、アメリカの例がいいか、ドイツの例がいいか、あなたはどう考えますか？』

憲兵はしばらく黙って考えていたが、突然椅子から立ち上がって敬礼をし、

『よくわかりました。私は隊長の命令で来たのですが、あなたのご意見がもっともです。と

いってこのまま帰れば、私は隊長から必ず怒られます。たとえ怒られても、私はあなたのお考えの方がいいと思いますから、私は二度とあなたのところへ説得に来ません。よくわかりました。どうかあなたはご自分のお考えを貫いてください』

と、そう言って帰ったんだよね。

その先がおもしろい、そのあと彼はしばしばシデハラさんのところに本を持ってきてわからないところについて教えを乞うようになり、ある日、『選抜されて憲兵学校に入校することになり将校への道が開けた』と報告しにきて、『これからは純然たる学生になるのですから、先生のご教授を御願いしたいのです。どうぞよろしくお願いします』と挨拶したんだ」

#22　シデハラさんってどんな人？　3

「そして三番目の特徴。人生の使命をまっとうした人。そのために生かされた人。

戦前の軍国主義のうねりが高まり行くなか、シデハラさんの政治の仲間である総理大臣や大蔵大臣はテロによって命を奪われた。そしてシデハラさんも暗殺リストに入っていたんだよね？」

「マジ？」

「ああ。血盟団というテログループがあって、『ひとり一殺』とか言って目障りな人間たちを暗殺した。当時、シデハラさんは、なんの因果か、アダムス・ストークス症候群という難病に突如かかり、心臓の不整脈で意識を失い、家で寝ていて、外に出ることがなかったんだ。やがて血盟団のトップの井上日召《いのうえにっしょう》という人間が自首し、団員たちも次々と逮捕され、血盟団のひとり一殺のリストがあきらかになったんだけど、そのリストにはシデハラさんの名前もあったんだ。シデハラさんの命を狙っていた血盟団員は元東京帝国大学生の西木田祐弘という男だった。彼はシデハラさんが毎朝散歩にでかけるという話を聞きつけ、毎朝早くから幣原の家の玄関の前の植え込みの陰に潜んで待ち構えていた。でも、シデハラさんはまったく姿を現さず、そうこうしているうちに西木田は逮捕されて、新聞に顔写真入りで載ってしまった。で、シデハラさんの家に出入りしていた庭師が新聞を見て言った。『あっ、旦那、こやつ、毎日来て門のところでしゃがんでいやがった。不思議な奴だと思ってたんでがすが、こん畜生、知ってたらあっしが成敗してやったのに』とかなんとか。

結果、シデハラさんはアダムス・ストークス症候群によって命を救われた。1931年のできごとだった」

「スゴい話」ノリカはびっくりした

「まったく。現在、アダムス・ストークス症候群の患者さんはペースメーカーをつけないと生きられないとされているけれど、シデハラさんは、ペースメーカーもない時代だったにもかかわらず、78歳まで生き続けた。なんという運の強さ」

「本当に」

「人生って本当は不思議だよね。この時期にシデハラさんはテロで命を落とさずに済み、戦後まで生き延びた。彼には果たすべき大きな役割があり、そのために運命によって生かされたんじゃないか？　と、ぼくはそう思っている。

1931年9月に満州事変という日本と中国の戦争が始まったとき、当時外務大臣だったシデハラさんは中国公使の蒋作賓《しょうさくひん》と会見してこう言った。

『直接利害関係の両国の代表者が、互いに顔と顔をつきあわせて、心と心で交渉するならば話のまとまらぬことはないんじゃないですか』

このときは、すでに国際連盟に提訴していた中国政府が蒋作賓にシデハラさんと直接交渉することを禁じたため、『心と心の交渉』は実現せず、シデハラさんは政治の表舞台から去り、戦火は日中戦争、第2次世界大戦へと拡大し、敗戦を迎えた。そして『心と心の交渉』が１９４６年1月24日のシデハラさんとマッカーサー元帥の極秘の会談で実現する……。人生って本当に不思議だ」

＃23　平野三郎さんの記録したシデハラさんの言葉

「それはあたしも感じます。で、１９４６年1月24日にシデハラさんはマッカーサー元帥に『日本は軍隊も兵器も持たない』というルールと『象徴天皇制』のルールをセットで入れることを提案したんですよね？」

「うん」

「そして、シデハラさんは自分がそういうことをしたことをほとんどだれにも言わないまま亡くなった」

「そう」

「でも、ほとんど話さなかったということは、何人かの人には話したということでしょ？」

「そういうこと。シデハラさんが詳しく話した相手は、ただひとり、平野三郎という人だった」

「へえ。平野三郎さんってどんな人だったんですか？」

「『水のまち』とも言われている岐阜県の郡上八幡の生まれで、戦前は憲兵に捕まってひどい拷問を受けたこともあって、兵隊になって中国にいって、そこにいる間に戦争が終わった。戦後、郡上八幡の町長をしたあと、衆議院議員になったとき、尊敬していたシデハラさんに会いに行って、秘書役となった。そして、シデハラさんが亡くなる10日ほど前に、シデハラさんから1946年1月24日の極秘会談の話を詳しく聞いたんだよね」

「そうだったんだ」

「その極秘会談の話を詳しく聞いたのは平野三郎さんだけだった。平野さんは『幣原先生から聴取した戦争放棄条項等の生まれた事情について』という文書を書き、それは昭和30年代の憲法調査会の公式の資料になった。それは『平野文書』とも呼ばれているんだ」

「**平野文書**？」

「そう。正式の名前は長くて覚えにくいから、『平野文書』ってぼくも呼んでる」

▼平野文書

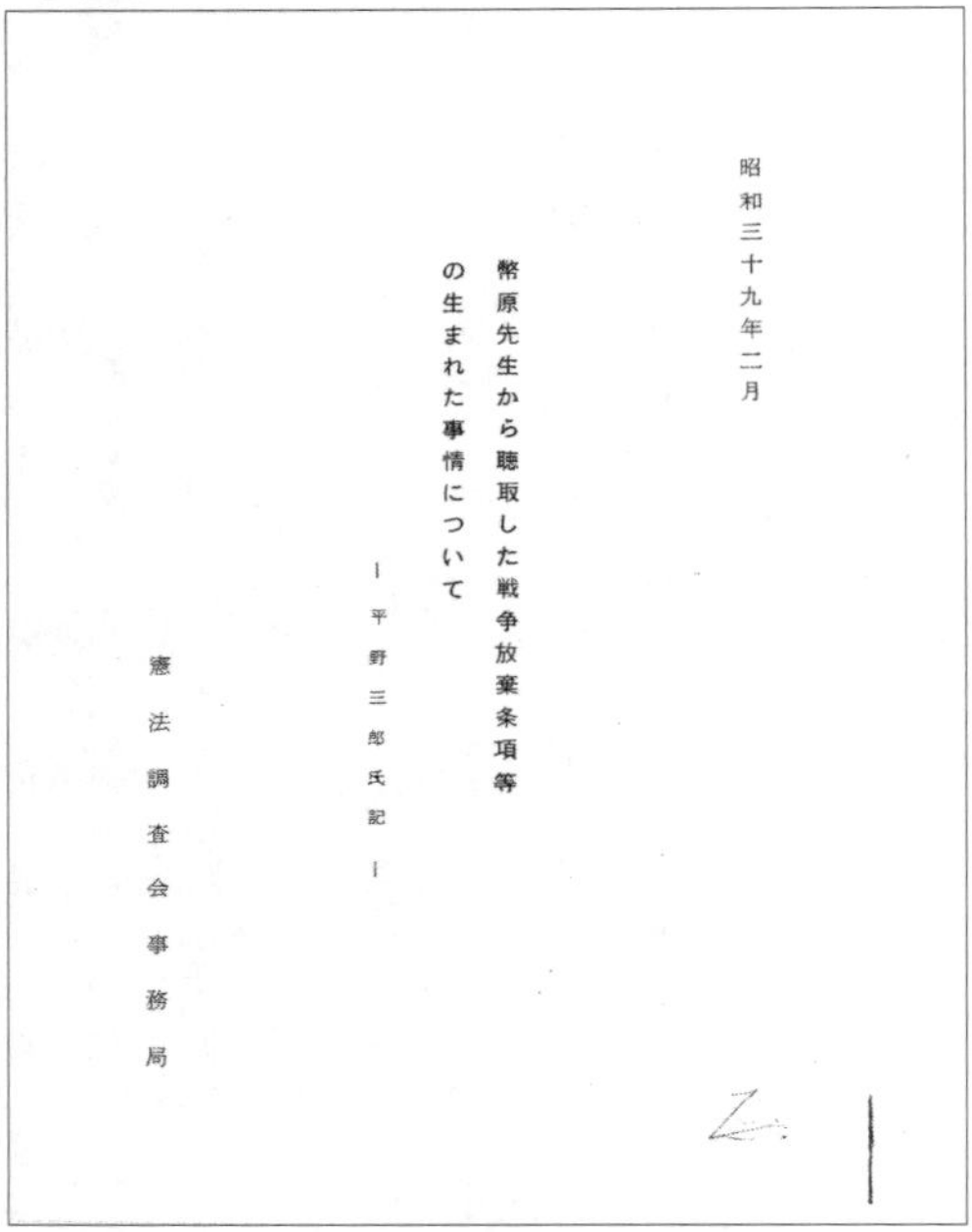
昭和三十九年二月

幣原先生から聴取した戦争放棄条項等の生まれた事情について

―平野三郎氏記―

憲法調査会事務局

「平野文書にはどんなことが書いてあるの？」

ケン太は質問した。

「ネットで、『しではら　平野』でググればこの文書は出てくる。540円で買える『日本国憲法　9条に込められた魂』（鉄筆文庫）にはその全文が紹介されている。話し言葉で書かれているし、そんなに長くはない文章だし、読みやすいと思うから、興味があったら読んでみて。それはともかく、とりあえず、どんなことが書いてあるか、シデハラさんがなんと言っているか、かいつまんで話してみようか。聞きたい？」

ケン太もノリカも頷いた。

ジュンは一枚の古い新聞のコピーを取りだした。

「これは1964年1月23日の新聞のコピーだ。平野文書が憲法調査会の委員たちに配られたのは同じ年の2月7日。この記事はその前に平野文書の内容などを書いた大スクープ記事で、共同通信が配信していて、北から南まで全国中の新聞の第1面に大きく載った」

「そのくらいの内容があったっていうことね?」

「そう。この記事も、平野文書に記録されたシデハラさんの証言のポイントを書いているけど、君たちにはぼくの言葉でシデハラさんの証言をまとめて話してみたいと思う。話していいかな?」

「聞きたい」

「OK」

熊本日日新聞

「幣原発案」に新資料

象徴天皇と戦争放棄条項

平野三郎氏 憲法の制定経過を公表

平野三郎氏　故幣原喜重郎氏

▲熊本日日新聞

「シデハラさんは、ワシントン会議のスーパースターだったことからもわかるように、『世界から戦争を無くすためにはどうしたらいいか』については、人生を賭けて、世界で一番深く考えていた、世界が認める実績ある人だった。そのシデハラさんは、広島・長崎の原爆投下を知って、これはヤバい、**このままでは人類は核兵器で滅んでしまう、もう人類は戦争をしてはいけない**、と思った。**戦争をなくすためには、世界の国々が核兵器も含めた兵器のすべてにサヨナラするしかない**（ただし、警察は武器を持っていてもいい）。

でも、世界の国々が1、2、3で一斉に武器を捨てるなんてことはありえない。『俺以外の全員が先に兵器を捨てたら俺も捨てる』そんな風に考えるのがいいところ。でも、そんなことまずありえない。まずありえないとしても、まったくありえないわけではない。ただひとつ、死中に活というか、すべての国が兵器を捨てるための第一歩があるとしたら、それは、だれかがまず自分から率先して兵器を捨てて、ほかのすべての国に対して『みんなも兵器を捨てよう。人類全員が滅びないように』と呼び掛けることだ。それを日本がやるのだ。戦争も核もない世界への扉を開くために。

よし、憲法に『日本は兵器を持たない』というルールを入れるよう、マッカーサーに提案しよう。占領軍の最高司令官であるマッカーサーのＯＫなしには、それは実現できないのだから。また、日本の現状からして、自分から公にそのことを提案することはできないから、秘密に会って提案し、表向きは彼のリーダーシップでそれを実現してもらおう。

風邪で一時は今度こそもうダメかもしれないと思って寝ている間に、そう決心したので、１９４６年1月24日にマッカーサーに会って、ふたりだけで話し合い、それを提案して説得し、マッカーサーのリーダーシップでそれを実現してもらった。

また、シデハラさんには、天皇陛下を守りたいと思う気持ちもあった。

天皇は元来戦争したくはなかった。戦争が始まってからは立場上もあって戦争に関与したかもしれないが、元来はそうだった。しかし、天皇は軍隊の最高司令官だったし、政治のトップでもあったから、『責任者として裁けとか死刑にしろとか、天皇制は廃止しろ』という声は世界に強くあった。

だが、天皇が裁かれ、死刑になったりしたら日本は大混乱するだろう。そうなったら、ソ連が出て来て北海道を占領して、日本は朝鮮のように北と南に分断されてしまうかもしれないし、また、日本全体で共産革命が起こって、その結果、日本が共産主義の国になってしまうかもしれない。そういう事態は避けなければならない。そのためにも天皇陛下を守らなければならない。

そういったことをシデハラさんは考えた。

そして天皇陛下を守るために、どういう提案をマッカーサーにして、どのように説得すべきか、現実的に考えた。シデハラさんは次のように全体の状況を分析した。

アメリカ政府やマッカーサーは、日本の占領をうまく行かせるために、また、ソ連に対抗するために、天皇を生かして利用したいと考えている。

しかし、イギリス軍として日本と戦ったオーストラリアやニュージーランドは、特攻攻撃もやってしまうような日本の軍隊を恐れ、もう二度とあの恐るべき日本の軍隊が復活しないように、その頭《ヘッド》である天皇を処刑したがっている。それらの国や、やはり天皇を処刑したがっているソ連などが発言権を持つ対日理事会なる組織が1946年2月26日に発足したら、その意見をマッカーサーも簡単に無視することはできなくなる。

そう考えたとき、シデハラさんは次のように判断した。

オーストラリアやニュージーランドが恐れているのは天皇そのものではなく天皇をトップとする軍隊だ。

だから『天皇は政治や軍事から完全に手を引きます。手を引きますから、権力者たちから利用されることもなくなります（＝象徴天皇制）』というルールと、『日本は兵器をもちません(軍隊や兵器を持たないことを中心とする戦争放棄)』というルールをセットで憲法に入れてしまえば、二度と、オーストラリアやニュージーランドが恐れる天皇の軍隊は復活できない。そうなればそれらの国も安心してソ連から離れ、アメリカの言うことを聞いて、天皇を残すことに反対しなくなり、陛下を守ることができるだろう。

そう考えたシデハラさんは1946年1月24日にマッカーサーに会って、ふたつのルール、『象徴天皇制』と『軍隊や兵器をもたないことを中心とする戦争放棄』を憲法にいれるという提案をしてマッカーサーを説得し、マッカーサーもこのふたつのルールを日本の新しい憲法にいれることに同意した。こういったことをシデハラさんは、死の10日ほど前に、平野三郎さんに証言しているんだよね」

「なるほど」ケン太は頷いた。

黙って聞いていたQが目を輝かせながら言った。

「シデハラさんのおかげで、日本は昭和20年の終戦から、72年間戦争に巻きこまれることなく平和な国として経済や文化を発達させることができたんだよね。『戦力不保持を中心とする戦争放棄』のルールは日本国憲法の第9条に書かれているんだけど、この第9条は、戦争も核もない平和な世界への扉として、そういう世界をめざす人たちにとってのバイブルとして、多くの人たちに大事に思われているんだよね。

シデハラさんは結論としてこう言ってるんだ。

『いずれにせよ、本当の敵はソ連でも共産主義でもない。敵は『戦争』それ自体である』とね」

「わかる……」

「で、特に、『戦力不保持』を書いた憲法は世界で初めて。世界でただひとつ。日本国憲法だけなんだ」

「世界でひとつだけの花ってことね」

ノリカはQに言った。

「そう。そして闇に咲いた光の花。そういう憲法のルールを持っている日本は特別な素晴らしい国なんだよね」

Qは誇らしげに答えた。

「そういう憲法のルールを作ったシデハラさんは人類の歴史にきちんと書くべき重要な人、学校の教科書でしっかり取り上げるべき人だと思っている」

とジュンは言った。

＃24　なぜシデハラさんは？

「シデハラさんがなぜそういったことについてほとんど語らないまま亡くなっていったのか、その理由は、シデハラさんは平野文書のなかで言っていないの？」

　ノリカは尋ねた。

「言っているよ」

「どんな風に？」

「平野文書で、シデハラさんはこう言っている。

『日の丸は日本の象徴であるが、天皇は日の丸の旗を護持する神主のようなものであって、むしろそれが天皇本来の昔に還《かえ》ったものであり、その方が天皇のためにも日本のためにもよいとぼくは思う。この考えはぼくだけではなかったが、国体に触れることだから、仮にも日本側からこんなことを口にすることは出来なかった。憲法は押しつけられたという形をとった訳であるが、当時の実情としてそういう形でなかったら実際にできることではなかった。

　そこでぼくはマッカーサーに進言し、命令として出して貰うように決心したのだが、これは実に重大なことであって、一歩誤れば首相自らが国体と祖国の命運を売り渡す国賊行為の汚名を覚悟しなければならぬ。松本君にさえも打明けることの出来ないことである。したがってだれにも気づかれないようにマッカーサーに会わねばならぬ。幸い僕の風邪は肺炎ということで元帥からペニシリンというアメリカの新薬を貰いそれによって全快した。そのお礼ということで僕が元帥を訪問したのである。それは昭和21年の1月24日である。その日、僕は元帥とふたりきりで長い時間話し込んだ。すべてはそこで決まった訳だ』って」

「へえ。で、国体って?」

「国の根本方針、と言いかえたらいいんじゃないかな」

「なるほど」

「そして、『戦力不保持を中心とする戦争放棄』もまた国体に触れることだったから……」

「言えないよね、そう簡単には」

「自分の命の危険もあったかもしれないし。ふたつのルールをセットで入れた憲法の大本《おおもと》の案は、極東委員会のはじまる2月26日より前に閣議、つまり内閣の大臣たちの会議を通す必要があった。でもその閣議でシデハラさんが『象徴天皇も戦力不保持も自分がマッカーサーに提案したものだ』とか言ったら、大臣たちはそんなシデハラさんを認めず、みんなで大臣をやめ、内閣は空中分解し、そうこうしているうちに2月26日が来て極東委員会がスタートし、天皇が裁かれる危険があった。

だから、言わなかった。

シデハラさんは『平野文書』のなかで、『松本君にさえも打明けることの出来ないことである』と言っているんだけど、松本君というのは当時のシデハラさんの内閣の憲法改正担当大臣だった人のことなんだ。

シデハラさんは平野さんにはこう言っている。

『そのことは此処《ここ》だけの話にして置いて貰わねばならないが』

『このいきさつは僕の胸のなかだけに留めておかねばならないことだから、その積りでいてくれ給え』

平野三郎さんも、『平野文書』の最初の方でこう書いている。

『なお、当日の幣原先生のお話の内容については、このメモにもあるように、幣原先生から口外しないようにいわれたのであるが、昨今の憲法制定の経緯に関する論議の状況にかんがみてあえて公にすることにしたのである』

と」

ケン太はずっとひっかかっていた疑問を口にした。

「さっきも言ったけど、『軍隊を持たなくて大丈夫なの？』という質問の答えをシデハラさんは言っているの？」

「その質問は平野三郎さんもしていて、それに対してシデハラさんはこう答えている。

『勿論軍隊を持たないと言っても警察は別である。警察のない社会は考えられない。殊に世界の一員として将来世界警察への分担負担は当然負わなければならない。

しかし強大な武力と対抗する陸海空軍というものは有害無益だ。

ぼくは我国の自衛は徹頭徹尾正義の力でなければならないと思う。その正義とは日本だけの主観的な独断ではなく、世界の公平な与論に依って裏づけされたものでなければならない。

そうした与論が国際的に形成されるように必ずなるだろう。なぜなら世界の秩序を維持する必要があるからである。

若し或る国が日本を侵略しようとする。そのことが世界の秩序を破壊する恐れがあるとすれば、それに依て脅威を受ける第3国は黙ってはいない。

その第3国との特定の保護条約の有無にかかわらず、その第3国は当然日本の安全のために必要な努力をするだろう。

要するにこれからは世界的視野に立った外交の力に依て我国の安全を護るべきで、だからこそ死中に活があるという訳だ』

とね」

「へえ。シデハラさんって世界で最初の『武器を減らそう』国際会議のスーパースターだったんだよね？」

「そう。日本にシデハラありって世界に信頼されていた。

シデハラさんは平野三郎さんを通じて、こういう言葉も残している。

『あれ（『兵器を持たない』という憲法のルール）は一時的なものではなく、長い間僕が考えた末の最終的な結論というようなものだ』
『戦争をやめるには武器を持たないことが一番の保証になる』

素人が同じことを言っても『なに、非現実的なことを言ってんだ』とか『狂ったんじゃないの？』とか言われるだろう。しかし、命と一生を賭けて平和を守ろうとしてきたシデハラさん、『兵器をへらそう』国際会議のスーパースターとして世界に評価されてきたシデハラさん、そういう『平和の名人』がそういったことを言ったのは、『兵器をもたないこと』が一・・・・番現実的な防衛だという結論に至ったからなんだ。

シデハラさんは平野さんにこうも言っている。

『非武装宣言ということは、従来の観念からすればまったく狂気の沙汰である。だがいまでは正気の沙汰とはなにかということである。武装宣言が正気の沙汰か。それこそ狂気の沙汰だという結論は、考えに考え抜いた結果もう出ている』

とね」

「そうか……」

ケン太は考え込んだ。

「ねえ、ケン太君」

「はい」

「君は拳法には自信があったね」

「まあ、多少は。でも最初のシミュレーションで独裁者の護衛に立ち向かったけどかなわなかったんだよね」

「勝つためには相手よりも強くならなければならない」

「そう」

「国と国の場合もその点では同じだ。お互いに相手より強くならなければと競争し合ったら、その競争はいつになったら終わるのかな?」

「う〜ん。終わりはないかも。いや、お互いが核兵器を使って滅ぼし合ってやっと終わるのかも。そうか、だからシデハラさんは広島や長崎の原爆投下を知って……」

ケン太はまたもや考え込んだ。

「そして、シデハラさんが提案しマッカーサー元帥がＯＫしたあと、マッカーサー元帥はマッカーサーノートというものを書き、それから日本国憲法が生まれた」

「マッカーサーノートにはどんなことが書いてあるの？」

「それには、象徴天皇制も、『兵器をもたないルール』＝戦力不保持も、『戦争はしませんルール』＝戦争放棄も書かれている。平野文書を読めばわかると思う、戦争放棄も戦力不保持と一緒にシデハラさんが提案したものだ」

「ふむふむ」

「それで、マッカーサーノートには、戦力不保持・戦争放棄と一緒に『日本の軍隊には交戦権が与えられることもない』というルールも書かれている。このルールについては平野文書には明確には書かれてはいないけれど、戦力を持たない＝軍隊を持たないなんだから、当然そうなる」

「どういうこと？」

「交戦権が与えられないということはね、

もしも日本が第９条を無視して軍隊を作ったとしてもそれは国際的には軍隊ではなく、単なる武装集団にすぎない。

なので、もしもそれが人を殺したり傷つけたりものを破壊したりした場合には単なる犯罪者として、刑法の殺人罪、障害罪、器物損壊罪などで罰せられる。

　ということなんだ。交戦権のある軍隊に属する兵隊の場合はそういうことをしても、刑法上の犯罪人にはならない」

「そういうことなんだ?」

「第9条には戦力不保持、交戦権の否認、戦争放棄の3つのルールが三点セットで書かれている。そこまで徹底した平和のルールが書かれている憲法は、いまでも世界中に日本国憲法以外にないんだよね」

「おー」

「そして、シデハラさんは当時の世界の人たちの願いを代表して口にする形で、第9条に書かれることになる徹底した平和のルールを提案したんだと思う」

「どういうこと?」

「日本で310万人、アジアで2～3000万人、世界で5～8000万人と言われる多大な犠牲者を出した第2次大戦の結果、戦後、日本を含む世界中の人々は心から戦争のない世界を願ったんだ。

　また、核時代の始まりとしての、広島・長崎の原爆投下によるとんでもなく悲惨な被害を目の当たりにした日本を含む世界中の人々は、戦後、『核を廃絶しなければ遅かれ早かれ人類全体が滅びかねない』と考え、核の廃絶を心から願ったんだよね。

そういう世界中の人たちの全人類的な切望を象徴・代表する形で、シデハラさんはああいう提案をしてマッカーサー元帥を説得したんだ」

「なるほど。戦争の恐ろしさとか残酷さとか悲しみとか痛みとかをみんなが感じていたなかで、そういう提案をしたのね」

「そうだと思うよ。これはぼくが直接平野三郎さんのお嬢さん、平野冴子さんから聞いたことなんだけど、彼女はこう言っていたよ。

『父がはっきり言っていました。私にもうしつこく。【それはもう、大変な、人類始まって以来の、もう、すごい解釈であり、決断であり、提案であったっていう……。わかりますか】みたいな感じで』

『あと父が言うには、【なぜこれが、こんな大事なことが公になってないかというと、それは幣原先生とマッカーサーとふたりで話したからだ、と。で、なぜそれが可能だったのか、あなたわかりますか?　みたいなことを言うわけですよ。わかるわけないいから言ってと言うと、幣原先生はもう英語がペラペラだったんです、全然通訳なんか必要なくマッカーサーとしゃべることができた、だから、こういうことが現実に起きたんだ、そしてだれも、通訳もなにもいないから、それがふたりの間だけのことで公になってないんだ】ということを言っていました。』

『父は毎晩しゃべってたんですけど、最後の方は【幣原先生はこのぐらい先を見通して、全人類のことを考えて、あの提案を……】ていうところで号泣して……。あたしはもうあきれて見てるって感じでした』

（平野冴子さんインタビュー　２０１６年3月16日帝国ホテル　取材・荒井潤）

って」

「へえ。お嬢さんの証言って、やっぱりなんか、とってもリアル」とノリカは言い、ケン太も「ほんとだ」と頷いた。

「あの時代は、いくら総理大臣でも天皇のＯＫなしにああいうことを決めることはできなかったはずなんだよね。シデハラさんは天皇のＯＫをもらってから、あの日、１９４６年1月24日、マッカーサー元帥に会いに行って第９条と1条をセットで提案したに違いないと思うね」

ジュンはそうつけ加えた。

＃25 マッカーサー元帥の本・手紙・羽室メモ

「ところで、マッカーサー元帥の方も、本やアメリカ議会の証言や手紙などで、1946年1月24日にシデハラさんと話したことについていっているんだ」

「そうなの？」とケン太。

「うん。まず、マッカーサー元帥は、彼が書いた『マッカッサー大戦回顧録』（中公文庫）という本のなかで、その日のことについて、次のように書いているんだ。最初の『幣原男爵』っていうのはもちろんシデハラさんのことなんだよね。


幣原男爵は1月24日（昭和21年）私の事務所を訪れ、私にペニシリンの礼を述べたが、そのあと私は、男爵がなんとなく当惑顔で、なにかをためらっているらしいのに気がついた。私は男爵になにを気にしているのか、とたずね、それが苦情であれ、なんかの提議であれ、首相として自分の意見を述べるのに少しも遠慮する必要はないと言ってやった。

首相は、私の軍人という職業のためにどうもそうしにくいと答えたが、私は軍人だって時折り言われるほど勘がにぶくて頑固なのではなく、たいていは心底はやはり人間なのだと述べた。

首相はそこで、新憲法を書き上げる際にいわゆる『戦争放棄』条項を含め、その条項では同時に日本は軍事機構は一切もたないことを決めたい、と提案した。そうすれば、旧軍部がいつの日かふたたび権力をにぎるような手段を未然に打ち消すことになり、また日本にはふたたび戦争を起こす意志は絶対にないことを世界に納得させるという、二重の目的が達せられる、というのが幣原氏の説明だった。

首相はさらに、日本は貧しい国で軍備に金を注ぎ込むような余裕はもともとないのだから、日本に残されている資源はなににによらずあげて経済再建に当てるべきだ、とつけ加えた。

私は腰が抜けるほど驚いた。長い年月の経験で、私は人を驚かせたり、異常に興奮させたりする事柄にはほとんど不感症になっていたが、このときばかりは息もとまらんばかりだった。戦争を国際間の紛争解決には時代遅れの手段として廃止することは、私が長年情熱を傾けてきた夢だった。

現在生きている人で、私ほど戦争と、それがひき起す破壊を経験した者はおそらく他にあるまい。20の局地戦、6つの大規模な戦争に加わり、何百という戦場で生き残った老兵として、私は世界中のほとんどあらゆる国の兵士と、ときにはいっしょに、ときには向かい合って戦った経験を持ち、原子爆弾の完成で私の戦争を嫌悪する気持ちは当然のことながら最高度に高まっていた。

私がそういった趣旨のことを語ると、こんどは幣原氏がびっくりした。氏はよほど驚いたらしく、私の事務所を出るときには感きわまるといった風情で、顔を涙でくしゃくしゃにしながら、私の方を向いて『世界は私たちを非現実的な夢想家と笑いあざけるかもしれない。しかし、100年後には私たちは予言者と呼ばれますよ』と言った。

って」

「へぇ、そうなんだ？」

「うん。マッカーサー元帥が書いていることは、平野文書でシデハラさんが言っていることと基本的に一致しているんだよね。それから、前後するけど、マッカーサー元帥は、1951年5月5日のアメリカ上院の軍事外交委員会で、次のように証言している。

日本の民衆は『核戦争がなにを意味するか？』について世界のいかなる民衆よりもよく知っていました。彼らにとってそれは理論ではありませんでした。

彼らは原爆投下によって死んだ者の数を数え、それらの死んだ者たちを葬ったのです。

彼らは自分たちの意志で戦争を非合法化する規定を彼らの憲法に規定しました。

日本の首相シデハラ氏が私の所にやって来て、言ったのです。『私は長い間熟慮して、この問題の唯一の解決は、戦争をなくすことだという確信に至りました』と。彼は言いました。『私は非常にためらいながら、軍人であるあなたのもとにこの問題の相談にきました。なぜならあなたは私の提案を受け入れないだろうと思っているからです。しかし、私はいま起草している憲法のなかに、そういう条項を入れる努力をしたいのです。』と。

それで私は思わず立ち上がり、この老人の両手を握って、それは取られ得る最高に建設的な考え方の一つだと思う、と言いました。世界があなたをあざ笑うことは十分にありうることです。ご存知のように、いまは栄光をさげすむ時代、皮肉な時代なので、彼らはその考えを受け入れようとはしないでしょう。その考えはあざけりの的となることでしょう。その考えを押し通すにはたいへんな道徳的スタミナを要することでしょう。そして最終的には彼らは現状を守ることはできないでしょう。こうして私は彼を励まし、日本人はこの条項を憲法に書き入れたのです。そしてその憲法のなかになにかひとつでも日本の民衆の一般的な感情に訴える条項があったとすれば、それはこの条項でした。

って。

あと、マッカーサー元帥は1958年12月15日に、日本の憲法調査会の高柳賢三会長の『幣原首相は、新憲法起草の際に戦争と武力の保持を禁止する条文をいれるように提案し

ましたか?』という質問に対して、

戦争を禁止する条項を憲法に入れる提案は、幣原首相が行ったのです。

と答える手紙を送っている」

「なるほど」

「それから、シデハラさんが中学時代からの大の親友の大平駒槌《おおだいらこまつち》さんに話した内容をその大平さんが娘さんの羽室ミチ子さんにメモさせた『羽室《はむろ》メモ（戦争放棄条項と天皇制維持との関連性について─大平駒槌氏の息女のメモ─憲法調査会事務局　昭和34年2月）』というのが残っていて、それにはこう書いてある。

つづいてあれこれ話を始め、かねて考えた世界中が戦力を持たないという理想論を始め、戦争を世界中がしなくなる様になるには戦争を放棄するということ以外にないと考えると話し出したところがマッカーサーは急にたちあがって両手で手を握り涙を目にいっぱいためてその通りだと言いだしたので、幣原は一寸びっくりしたとい

▼高柳会長とマッカーサー元帥との間に交わされた書翰

90 CHURCH STREET, ROOM 1303
NEW YORK 7, NEW YORK

15 December 1958

Dear Dr. Takayanagi:

I have just received your note of December 10th and hasten to answer its query:

"Did the Prime Minister Shidehara propose that when the new Constitution was to be drafted, it contain an article renouncing war and the maintenance of an armed force? Or did he merely present such idea to you as a matter of Japan's future policy and you suggested to the Japanese Government to put that idea into the new Constitution?"

The suggestion to put an article in the Constitution outlawing war was made by Prime Minister Shidehara. He said that he sought the interview with me with reference to the Constitution with some trepidation as he was uncertain as to what my attitude would be on such a clause in the Constitution because of my training as a professional soldier. I was astonished at his proposal but when I assured him of my complete support, his relief was very evident and very moving.

With holiday greetings of the season.

Most sincerely,

DOUGLAS MacARTHUR

Dr. Kenzo Takayanagi, Chairman,
Commission on the Constitution,
c/o The Consulate General of Japan,
1742 Nuuanu Avenue,
Honolulu, Hawaii

- 19 -

12872 41

▼羽室メモ

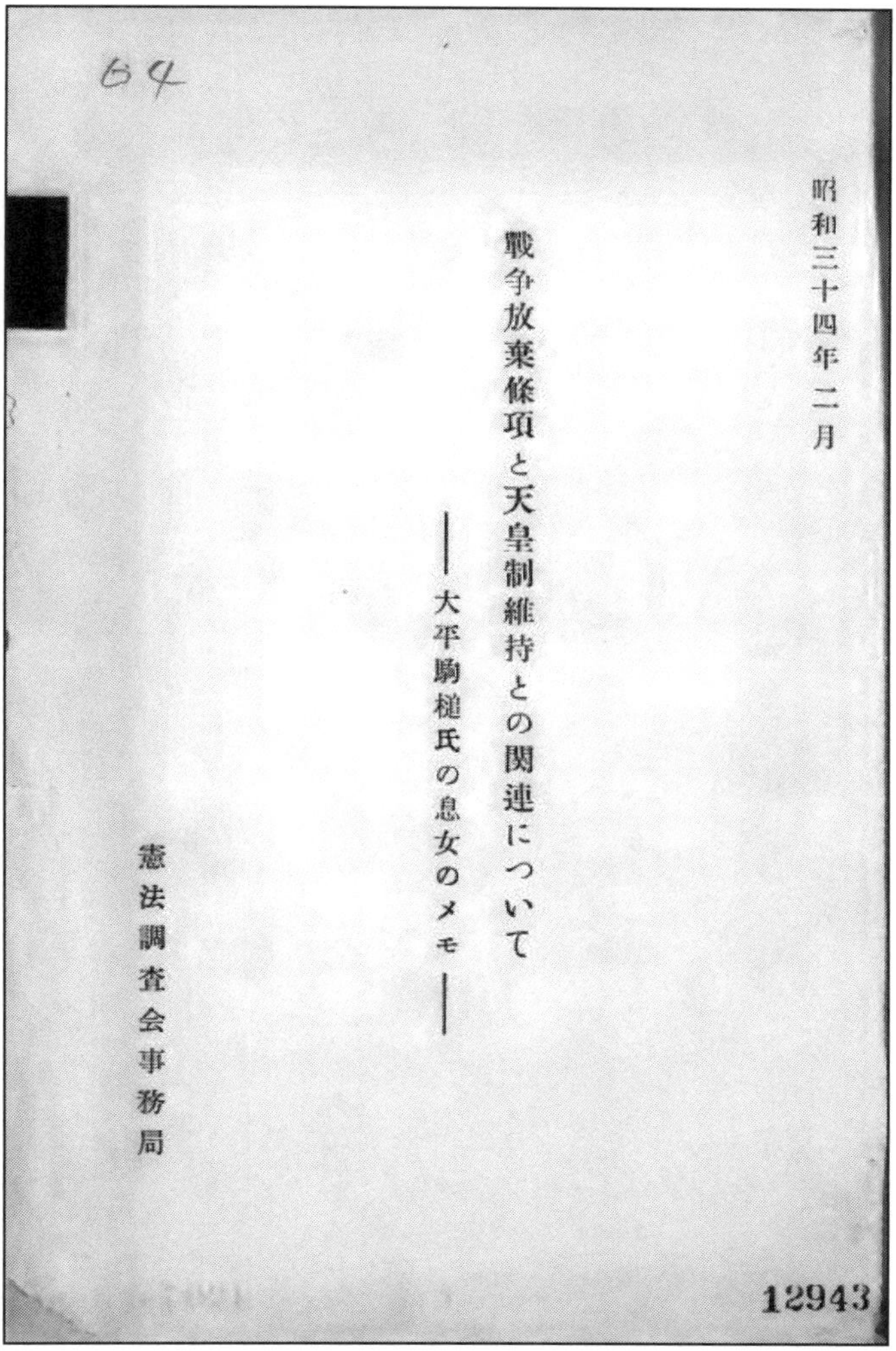

64

昭和三十四年二月

戰争放棄條項と天皇制維持との関連について

——大平駒槌氏の息女のメモ——

憲法調査会事務局

12943

う。

しかしマッカーサーも長い間悲惨な戦争を見つづけているのだから身にしみて戦争はいやだと思っていたのだろう。

幣原はさらに世界から信用をなくしてしまった日本にとって戦争をしないと言う様なことをハッキリと世界に声明すること、只それだけが敗戦国日本を信用してもらえる唯一の堂々と言えることではないだろうかというようなことも話して大いにふたりは共鳴してその日はわかれたそうだ。

（中略）

そこで出来る限り早く幣原の理想である戦争放棄を世界に声明し日本国民はもう戦争をしないと言う決心を示して外国の信用を得、天皇をシンボルとする事を憲法に明記すれば列国もとやかく言わずに天皇制へふみ切れるだろうとマッカーサーは考えたらしい。

だからマッカーサーは必ずこれを入れた憲法の草案を早く作るようにと部下に命令したとそのあとに幣原に会ったとき、説明したのでこれ以外に天皇制を続けていける方法はないのではないかと言うことにふたりの意見が一致したのでこの草案を通すことに幣原も腹を決めたのだそうだ。

（羽室メモより）

シデハラさんは中学時代からの大の親友にだからこそ話したんだと思う。話したのは1946年4月上旬ごろっていうことだ。その内容は、平野文書やマッカーサー元帥の回顧録・議会証言・手紙の内容とも一致している」

「ふーん。大の親友に話した記録も残ってるんだね」とノリカ。

「そう。でも、平野文書やマッカーサーの回顧録や証言や手紙の内容を否定する人もいるんだよね」

「なんで？」

「憲法はマッカーサーの押しつけだから、変えるべきだって言ってる人たちがいて、安倍晋三総理なんかも憲法を変える第一番目の理由としてそれを言っているんだけど、そういう人たちにとっては、平野文書やマッカーサーの回顧録や証言や手紙や羽室メモはとんでもなく不都合だからね。

でも、特に平野文書でシデハラさん本人が『戦力不保持・戦争放棄と象徴天皇制は自分がマッカーサー元帥に提案し、彼を説得して憲法に入れることをＯＫさせた』と詳しく書いているのが決定的で、それを否定するためには、シデハラさん、マッカーサー元帥、平野三郎さん、が3人ともみんな嘘をついていることを証明しなければならないけど、それは不可能だし、事実としてシデハラさんもマッカーサー元帥も平野三郎さんもみんな本当のことを言っているとぼくは確信している」

ジュンはさらにつけ加えた。

「シデハラさんは『外交五十年』という自叙伝を遺《のこ》してる。1951年に出版された本なんだよね。その年の3月10日にシデハラさんは亡くなっている。亡くなる前に、シデハラさんがしゃべったことを読売新聞の記者が文字にして、新聞に載せて本にしたものなんだ」

「遺作ってやつだね?」とケン太。

「そういうことになるね。その本で、シデハラさんはこう言ってる。

私ははからずも内閣組織を命ぜられ、総理の座に就いたとき、すぐ私の頭に浮かんだのは、あの電車のなかの光景だった。これはなんとかしてあの野に叫ぶ国民の意思を実現すべく努めなくちゃいかんと堅く決心したのであった。

それで憲法のなかに、未来永ごうそのような戦争をしないようにし、政治のやり方を変えるようにした。

つまり戦争を放棄し、軍備を全廃して、どこまでも民主主義に徹しなければならないということは、他の人は知らないが、私だけに関する限り、前に述べた信念からであった。それは一種の魔力とでもいうか、見えざる力が私の頭を支配したのであった。

よくアメリカの人が日本へやって来て、こんどの新憲法というものは、日本人の意志に反して、総司令部の方から迫られたんじゃありませんかと聞かれるのだが、それは私の関する限りそうじゃない、決してだれからも強いられたのではないのである。

軍備に関しては、日本の立場からいえば、少しばかりの軍隊を持つことはほとんど意味がないのである。将校の任に当ってみればいくらかでもその任務を効果的なものにしたいと考えるのは、それは当然のことであろう。

外国と戦争をすれば必ず負けるに決まっているような劣弱な軍隊ならば、だれだって真面目に軍人となって身命を賭するような気にはならない。それでだんだんと深入りして、立派な軍隊を拵《こしら》えようとする。戦争の主な原因はそこにある。中途半端な、役にも立たない軍備を持つよりも、むしろ積極的に軍備を全廃し、戦争を放棄してしまうのが、一番確実な方法だと思うのである。

『外交五十年』(中公文庫)より

ってね。

で、シデハラさんはその本の『序』、つまり『はじめに』に『この本に書く史実は、私の記憶に存する限り、正確を期した積りである』って書いてる。その『序』の日付は3月2日、つまり亡くなる8日前で、平野三郎さんに『平野文書』に記録されていることを話してから2、3日後だったんだ。この時期のシデハラさんは死が近いことを悟っていたと思う。そういうシデハラさんには嘘を遺す動機はまったくなかったと思うし。シデハラさんは平野さんに、

『そのことは此処だけの話にして置いて貰わねばならないが』
『このいきさつは僕の胸のなかだけに留めておかねばならないことだから、その積りでいてくれ給え』

って言った。でも、だとしたらなんで、平野さんに話したのか？　本当に秘密を保ちたいんだったら、そもそも話すはずはなかったんじゃないかな？

いつかときが来たら、あるいは本当に必要なときには、平野さんに公表してもらいたくて話したんだろうってぼくは思ってる。その言外のシデハラさんの意志は平野さんにも伝わったはずで、だからこそ、平野さんは、昭和30年代に憲法９条はマッカーサー元帥の押しつけだから変えようという大きな議論が沸き起こったとき、

『あれはマッカーサー元帥の押しつけではなかった』

『象徴天皇制とセットで戦力不保持・戦争放棄を生み出したのはシデハラさんだった』

という事実を世に知らせる必要があると判断して、それで１９６４年２月に憲法調査会資料として、『平野文書』を公表したんだと思う。平野文書を不都合に思った人たち、つまり憲法９条はマッカーサー元帥の押しつけだから変えるべきだと主張していた人たちのなかには、平野さんはウソをついているとか、平野さんはシデハラさんの秘書役なんかじゃなかったとか、イチャモンつけたけど、平野さんがシデハラさんから聞いた事実を平野文書に書いたことに間違いはないと思うし、『平野三郎さんは平野文書で嘘を書いている』って言ってる人の根拠は全部反論することができるよ。シデハラさんやマッカーサー元帥が

嘘をついているという人の根拠もまた全部反論できるしね。

あとこの写真には、シデハラさんが自分で『落日心猶壮』って書いて平野三郎さんに贈った書が写っている。平野さんの家の奥座敷にかかっていたことを娘さんの平野冴子さんは覚えている。シデハラさんが平野さんと親しくしていたのが、この書からはわかるんだよね」

▲『落日心猶壮』の書

＃26 平野文書をユネスコ世界記憶遺産にしよう シデハラさんを世界に知らせよう

「平野文書って、世界で初めての憲法と言われているマグナカルタと同じ位に、時空を超えて、世界的にも人類的にも、ものすごく重要な歴史的文書だと思うんだよね。だって、人類みんなが求めている戦争も核もない世界への扉を開くためにシデハラさんが、世界のために、世界で初めて『戦力不保持を核とする戦争放棄』を憲法に入れることをマッカーサー元帥に発案してOKさせたことを証言している文書なんだから。

　ぼくは169人の仲間と一緒に平野文書をユネスコ世界記憶遺産に登録申請している。マッカーサーの議会証言、『羽室メモ』、『マッカーサー大戦回顧録』、『外交五十年』（共に中公文庫）なんかと一緒に、人類の共通の宝にするために」

「そうだったんだ?」とケン太。

「うん。世界記憶遺産になるかどうかは、2017年中に決まる。2014年12月、いまの憲法を、権力者または独裁者が主役で戦争OKの憲法に変えたい人たちが衆議院で3分の2をとったあと、このことを思いついたんだよね。だって、人類の共通の宝にしちゃえば、そう簡単に変えられなくなるから」

「なるほど」

「で、この登録申請のために憲法学者の力を借りることが絶対必要だと思って、30人以上の色々な憲法学者にメールしたりしたんだけど、力を貸してくれる人がなかなか見つからなかった。でも、あきらめずに探し続けた。2016年の正月にかみさんと一緒に大阪に行って、帰りに伊勢神宮に寄ってみたくなった」

「どうして?」ノリカは質問した。

「正月明けたあたりから気になりだしてね。ヘンな感じだった。なぜか30年近く前に行ったような記憶が突然蘇《よみがえ》ったんだけど、それはその位ずっと前に見たリアルな夢のなかで行った伊勢神宮の、夢の記憶かもしれなくて」

「ふ〜ん」

「行った記憶の伊勢神宮には幹の直径が3〜4メートルかそれ以上ありそうなとんでもなくぶっとい木がいっぱいあったから、行けば、本当に行ったことがあったのかどうかわかると思って。で、1月7日、伊勢神宮に行った。伊勢神宮は外宮《げくう》と内宮《ないくう》があって、外宮に行ったときには雨が降っていた。ところが内宮に着いて大きな鳥居をくぐった正にその瞬間、突然、思わず目を覆ったんだよね。いきなりまばゆい光が目に射し込んだから。目を開けると、雲の間から、翼の生えた大きなお日様が

▲2016年1月7日　撮影

こっちに向かって眩しく微笑んでいた。それを、急いで写真に収めた。ちなみに、伊勢神宮の内宮に祀られている神様は天照大御神、アマテラスさんで、太陽の神様なんだよね」

「なんか、すごい」とケン太は言い、ノリカも頷いた。

「だよね。で、行って見てわかったんだけど、やっぱり、ずっと前に行ったような記憶のなかにあったとんでもなくぶっとい木は現実には見あたらなくて、駐車場や参道の感じも記憶とは違ってたから、あれは夢のなかで行ったんだってわかったんだけど、とにかく、

これは縁起がいい！

そう思って、その日、お参りを済ませてから所用で名古屋の叔母の家に行ったところ、そこで出会った人の紹介で、翌々日、岐阜大学の近藤真さんという憲法学者と岐阜市内で会った。そしたら近藤さんは『ぼくは平野三郎さんと若干の縁がある』って。なんでも、1993年、会ったことのない平野三郎さんから彼の最後の本『平和憲法の水源』を贈られて、それを読んだ近藤さんは平野文書や、シデハラさんや天皇と9条のことを知って、『これはぜひ、平野三郎さんに会ってインタビューしなきゃ』と思っているうちに、翌年4月、平野さんが亡くなってインタビューは実現できず。そのことを残念に思いつつ20年以上たったその日、ぼくから『平野文書をユネスコ世界記憶遺産にしたいから力を貸して下さ

い』と言われたんだって。『これもなにかの縁だから、協力しないわけにはいきませんね』って近藤さんは言ってくれて、おかげでユネスコ世界記憶遺産の登録申請が実現した」

「神様の力添えがあったって、そんな感じ？」とノリカ。

「そう。本当にそんな感じ。近藤さんに出会えなければ、登録申請は実現できなかったんじゃないかって思う。で、これもおもしろかったんだけど、その日スマホで平野三郎さんの『平和憲法の水源』をどこかで売っていないかと調べたら、全国でただ一冊だけ、名古屋の古本屋で売っていることがわかった。ちょうど、岐阜から東京に帰るときに通る名古屋に」

「へえ。それもびっくり。当然買ったんでしょ？」

「もちろん。天皇の祖といわれるアマテラスさんを始めとする日本の八百万の神様って、民主主義とか平和とかが大好きで、それで応援してくれてるんじゃないかって、ぼくは思うよ」

「なるほど。不思議な話……」とノリカ。ケン太も「ほんとに……」と頷いた。

「先にも言ったけど、マッカーサー元帥は回顧録にこう書いてるんだよね。

（シデハラさんは）私の方を向いて『世界は私たちを非現実的な夢想家と笑いあざけるかもしれない。しかし、１００年後には私たちは予言者と呼ばれますよ』と言ったたって。

シデハラさんは、ジョン・レノンの『イマジン』みたいなことを言ってたんだ。１９４６年1月24日にね。第９条のおとうさんであるシデハラさんのことはもっともっとみんなに知られるべきだ。日本でも、世界でも。まず日本の教科書に入れるとか、そういうことからぜひ始めるべきだと思う」

＃27 ほかのおとうさんたちも日本人だった

「日本国憲法のほかの部分はどういう風にして生まれたの？」

ノリカは質問した。

「戦争が終わったのは１９４５年の8月15日で、同じ年の12月26日に、憲法学者の鈴木安蔵《すずきやすぞう》という人のリーダーシップのもとに、彼も含めた人たちが作った『憲法研究会』の『憲法草案要綱』が発表された。それが日本国憲法のベースとして取り入れられている。

さらに『憲法草案要綱』は明治時代の植木枝盛《うえきえもり》という人の作った憲法案を参考に作られた。ずっと埋もれていた植木枝盛の憲法案を戦前に再発見したのが鈴木安蔵だったんだよね」

「そうだったんだ」

「ああ。日本国憲法は明治以来の日本人の民主主義の流れのなかで生まれたんだよね。もっとさかのぼったら、日本国憲法第９条の、『**戦争をしないで世界の人たちと仲良くしようね**』という考えは、６０４年に聖徳太子が作ったと言われる一七条憲法の『和をもって尊しとなし』というやつとも通じていると考えることもできるし」

Qは「それ、ポイントかも」と口と挟み、そしてこう続けた。

「『和をもって尊しとなし』って時空を超えた日本人的心かも。憲法第９条もそういう日本人的な心の花なのかも」

「そうだね。あと、病院でのシミュレーションに出てきた、保険で病院にかかれる権利というのがあったでしょ？」

「ええ」

「あの権利は、社会権という人権の一部なんだ」

「社会権？」

「そう。国民に社会権があるから、政府は国民の健康や福祉や生存のために税金を使ったりサービスを提供しなければならない。その社会権は、日本国憲法の第25条に書かれているけど、それを憲法に入れるように提案したのは森戸辰男という人だったんだ」

＃28　歴史の流れのなかで

「植木枝盛とか鈴木安蔵とかいう人の名前が出て来たけど、日本国憲法は日本の歴史の流れのなかで出てきたって考えていいの？」

と質問したのはケン太だった。

「もちろん。そして、それは日本だけでなく、世界の歴史の流れのなかで出て来たんだ。各国の憲法は歴史の流れのなかでお互いに影響し合いながら発達してきたんだよね」

「憲法のない時代もあったということ？」

「そう。憲法のない時代には、王様とか皇帝とかが独裁していた。と言っても、自分を支える少数の貴族とかの意見もとりいれながらそうしていた。そうでないと支持を失って引きずりおろされたりしちゃうからね。でも、貴族とかは、やはり王様とかが好き勝手に独裁できないようにするルールを作ることを望んで、そういったルールを王様とかに呑ませた。それが憲法のはじまりだと言われている。

そういう憲法のことの起こりとして、１２０６年に東洋でジンギスカン法典というものが生まれ、１２１５年に西洋でマグナカルタというものが生まれ、それが発達して、一般国民の人権を保障し、権力者に人権を侵害させないようなデザインの憲法になっていったんだよね。いまは、これ以上詳しくは言わないけど」

そういうジュンにノリカは質問した。

「話を聞くうちに、もっといろいろ知りたいなと思えて来たわ。でも、そんな風に思ったのは生まれて初めて。あたしも含めてこの国ではほとんどの人が、シデハラさんも含めて憲法のことをほとんど知らないいんじゃないかと思うんだけど、**なんでそうなのかな？** すごく大事なことなのに……」

「それは学校とかメディアとかがちゃんと伝えてこなかったからだと思う」

「なんで、伝えてこなかったのかな？」

「その答えは、よかったら自分で考えてごらんよ」

Part 4
大きな歴史のクロスロード

#29 自民党の2012年改憲案1

「ところでさっきぼくは、

『権力者が主役、みんなの人権は法律で制限できる、戦争OK、という3つの特徴を持つ大日本帝国憲法は歴史の表舞台から引退したんだよね、いったんは……』

と言ったのを覚えているかな?」

ジュンはケン太とノリカに尋ねた。ノリカはうんと頷いた。

「あたし、『いったんは……』という言い方が引っかかってた」

ケン太も気づいた。

「え、『いったんは……』ということは?」

ジュンはケン太に答えた。

「みんなが知らないでいる間に、いや、知らされないでいる間に、大日本帝国憲法みたいなものが」

「復活すると?」ケン太が口を挟んだ。

「近々、そういう、権力者が主役の憲法が復活する現実の可能性が大いにあるんだよ。いや、一般国民にとってはそういう憲法よりももっとヤバい、独裁者が主役の憲法ができる可能性がね」

「マジ？」

「ああ、マジ。これを見てごらんよ」

ジュンは四つ折りの紙を胸のポケットから取り出してテーブルの上に広げた。

その紙にはこう書いてあった。

> 2012年自民党改憲案第12条
>
> **自由及び権利には責任及び義務が伴うことを自覚し、常に公益及び公の秩序に反してはならない。**

「わ、なんかむずかしい文章」

ケン太は思わず言った。

「『セキニン及びギムが伴うことをジカクし』とか、『反してはならない』とか、なんか上から目線でエラそうな感じ」

ノリカは感じたままに言い、ケン太も、

「たしかに、いやな教師のお説教みたいだね」

と感じたことを言った。ジュンはふたりに向かって頷いた。

「ふたりの感じたことは正しいと思う。ぼくの鼻には、この文章に書かれているルールから危険とか、ヤバさがプンプン漂ってくるんだよね」

「やっぱり?」とノリカ。

「ああ。まず直感で答えて欲しいんだけど、これって、『一般国民が主役の憲法』のルールだと思う? それとも『権力者が主役の憲法』のルールだと思う?」

「そうね、その以外にはないわけだから、その二択のどっちかで、やっぱり、これ、『権力者が主役の憲法』のルールでしょ?」

とノリカは答えた。ケン太も「自分もそう思う」と。

「正解だよ。解説してもいいかな?」

「お願いします」

ジュンはさっきのルールを次のように書き換えて、ふたりに見せた。

自由及び権利は常に公益及び公の秩序に反してはならない。

「核心部分だけを残すと、『自由及び権利は常に公益及び公の秩序に反してはならない。』となる。『みんなの自由及び権利は常に公益及び公の秩序に制限され奪われる』そういうルールだということがわかる。で、なにが公益及び公の秩序かを決めるのは一般国民、それとも権力者？」

その質問にケン太は答えた。

「そりゃあ、権力者でしょ」

「その通り。権力者＝政府＝国会の多数党が決めたことが公益及び公の秩序になっちゃうんだよね。彼らが法律または命令の形で決めたことが……」

「あたしたちの自由や権利は常にそれに反してはならない、常にそれに従わなければならない、ということなのね？」

「その通り。

いま、自民党のリーダーシップで憲法を変えようという動きがどんどん進んでいるの、知ってる?」

「なんか、見たか聞いたかしたことある。時代に合わないから変えようとか、おためし改憲とか言ってる、あれでしょ?」

「そう。自民党など憲法を変えたい政党が衆議院でも参議院でも3分の2をとって、なるべく早く憲法を変えようとしている。この1~3年のうちに、早ければ今年中に、憲法を変えるための国民投票をやろうとしている」

「国民投票?」

「そう。衆議院でも参議院でも3分の2を持っていれば国民投票を実現できる。その国民投票で2分の1以上が賛成すれば憲法を変えられる。そして、自民党が2012年に発表したいまの自民党の憲法改正案の第12条に書いてあるのが、この『自由及び権利は常に公益及び公の秩序に反してはならない。』なんだよね」

「その案の通りに憲法を変えられたら、その憲法は権力者が主役の憲法になって、権力者は法律や命令によってあたしたちの自由や権利を奪うことができるようになるということね? 『制限される』も『奪われる』のうちだと思うから、そういう言い方をしたけど」

「その通り。そういう憲法の国で暮らしたい?」

「あたしはいや」

「俺もいやだな。だって、権力者がいいやつだったらまだしも、悪い奴だったら、なにをされるかわからないから」

「その通り」

「でも」とノリカは言った。「権力者が主役であたしたちの権利や自由を奪える憲法には、一般国民は賛成しないんじゃないかしら？　だから国民投票をしても、そういう憲法は通らないんじゃないかしら？」

「いや、憲法を変えたい人はしたたかでずる賢い。『権力者』が主役で、法律や命令で好きなようにみんなの権利や自由を奪える憲法に変えたいなんて本当のことは絶対に言わない。言ったら国民投票にかけても通らないことはわかりきっているからね。

　なので本当のことはなるべく言わないで誤魔化しながら、国民投票にかけるだろうね。どういうルールを国民投票にかけるにしても、彼らの基本方針はそういうことだろう。いずれにせよ、彼らは『みんなが主役の憲法』を『権力者が主役の憲法』に変えたがっているということは忘れちゃいけないよ」

「わかった。誤魔化されるのはいや。みんなに知らせなくちゃ」

ノリカが言うとケン太も頷いた。

＃30　自民党の２０１２年改憲案２

「それじゃ、今度は次を見てみて」

自民党改憲案第9条2項

我が国の平和と独立並びに国及び国民の安全を確保するため、内閣総理大臣を最高指揮官とする国防軍を保持する。

ケン太は自民党改憲案第9条の2を見て、

「国防軍……」

と呟いた。

「これだけだとなにをどう変えようとしているのかよくわからないから、いまの日本国憲法の第9条第2項も一緒に見てほしい」

ジュンはそう言って、自民党改憲案第9条第2項の隣に、次のように書き加えた。

> いまの日本国憲法第9条2項
> **陸海空軍その他の戦力は、これを保持しない。**

「ほら、こうして両方を読むと、変えようとしている点がふたつあることがわかると思う。ノリカちゃん、わかるよね？」

「ええ。『陸海空軍その他の戦力は、これを保持しない』を削除して、『国防軍』を保持すると」

ケン太が口を挟んだ。

「自衛隊を国防軍に変えたいんだね。でも、自衛隊と国防軍とはなにか違うの？　その自衛隊の名前を『国防軍』に変えたいだけの話じゃないの？」

「いい質問だね。全然、違うんだよね」

「そうなんだ?」

「ああ。まず『自衛する』と『戦う』の意味の違いを理解して欲しい」

「OK」

「『自衛する』は、攻められたら守る、で、国=領土・領海・領空の外へは出ていかない。それに対して、『戦う』は、攻められたら守る&積極的に攻めに行く&戦争する、で、国=領土・領海・領空の外へ出ていくことも大いにある」

「そうか」

「自民党の改憲案は、いまの日本国憲法に書かれている『陸海空軍その他の戦力は、これを保持しない。』を完全削除しているよね」

「うん」

「それは憲法上、国の外へ出ていって武器を交えて戦争できる『陸海軍』や『その他の戦力』を持てるようにするためで、そういう国の外へ出ていって戦える『陸海軍』や『その他の戦力』の全体を『国防軍』というソフトなイメージの言葉で書いているのが、自民党改憲草案の第9条第2項なんだ」

「なるほど『国防軍』って、要するに『軍隊』ってことね。みんなに、『自衛隊の名前が変わっただけの『国防軍』ならまあいいか』と思わせて、それと国民投票で通すためのイメージ戦略ってとこかしら?」

「そんなところだろう。『国防軍』というネーミングを採用した連中はさすが頭がいい」

「いいえ、ズル賢いって言って」

「そうだね。もう少し解説してもいいかな?」

「どうぞ」

「実は自民党改憲案の第9条第1項には『戦争放棄』という言葉が残っている。それはいまの日本国憲法の第9条第1項にもともと書かれていた言葉なんだけど」

「戦争は致しません、ってこと?」

　とケン太は質問した。

「そう。だから、国防軍を持っても、第1項に戦争は致しませんって書いてあるから、国の外へ出ていって戦争したりはしないんじゃないかと考える人もいるかもしれないよね」

「たしかに」

「実は戦前の日本は、戦争放棄の条約に入っていたんだ。1928年に結ばれた不戦条約という条約に」

「へえ」

「戦争放棄の条約に入っていたということは、世界に向けて『戦争は致しません』と宣言していたということだよね」

「うん」

「ところが日本は、そう世界に宣言していたにもかかわらず、中国と戦争し、さらにアメリカやイギリスなどとも戦争した」

「太平洋戦争だね」とQ。

「そう。『戦争は致しません』と言っていた手前最初は、満州事変とか日華事変とか、【これは戦争じゃありませんよ】アピールのために『事変』とか言っていたけど、実態は戦争にほかならなかった」

「つまり、『戦争放棄』＝『戦争は致しません』と言っていても、国防軍という名の軍隊が戦争をする可能性はあるというのが歴史の教訓だということね」

ノリカが言った。

「そう。だからこそ、シデハラさんは、『戦争放棄』を言うだけでは不十分だと考えて、『戦力をもちません』ということも憲法に書くことを提案したんだ。そして、まさにその『戦力を持ちません』ルールを完全削除したのが、自民党改憲草案第9条第2項なんだ。これが国民投票で通ると、日本は憲法の条文の上でも戦争ＯＫの国になってしまう」

「戦争ＯＫの国になると、どうなるの？」ノリカは質問した。

「いい男がいなくなる、化粧ができなくなる、おしゃれができなくなる。そういったことから始まっていろいろなことが起きる。軍隊や武器にお金を使うしわ寄せは必ずみんなにのしかかってくるだろう。戦争に反対したら捕まってひどい目にあう。言いたいことが言えなくなる。食べ物が不足する。政府に求められたら、命、良心、労力、鍋、釜、その他なんでも差し出さなければならなくなる。戦争でたくさんの人が殺し合い、傷つけあう。生きて帰ってきてもＰＴＳＤ（心的外傷後ストレス障害）になる。そして核のボタンを押しあったら人類は絶滅するだろう」

「戦争ＯＫの国になるのはいや」

「俺も」

Ｑはふたりに向かっていった。

「いま世界の多くの人が、日本の憲法第9条第2項から『兵器を持ちません』ルールが削除されることを心配している。そのルールこそ、人類全体のためを思ってシデハラさんが作ったルールだということもぜひ思い出してほしい。日本国憲法にはそのルールがあるがゆえに、日本が特別な素晴らしい国だということを、ぜひ、誇りに思ってほしい」

＃31　自民党の2012年改憲案3

「ところで」とジュンは言葉を続けた。

「自民党の改憲草案のなかには、総理大臣に独裁権を与えることのできるルールがあるのを知っているかい？」

「え、マジ？」

「マジ。緊急事態条項というルールで、自民党改憲案第98条と第99条がそれだ。このルールが発動すると、憲法上、一番最初のシミュレーションのようなことが起きうることになる。総理大臣の決めたことがそのままみんなの権利や自由を奪えるという意味で」

ケン太はひとりの男の顔を思い出し、ジュンに尋ねた。

「ほらあの、一番最初のシミュレーションに出て来たちょび髭の独裁者」

「ヒトラーのことだね？」

「うん、多分。あの独裁者も、そのキンキュウジタイジョウコウを利用して独裁者になったとか？」

「その通り。ヒトラーの場合はドイツのワイマール憲法という憲法の緊急事態条項を利用して、独裁権を手にいれていったんだよね」

「緊急事態条項が発動すると、その憲法は独裁者が主役の憲法になっちゃうってことね？」

「そう。その憲法のなかのほかのルールがどれもみな、みんなが主役のルールだったとしても、緊急事態条項が発動すれば内閣のメンバーである大臣たちの親玉である総理大臣の考えることにみな従わなければならなくなる、ほかのルールはすべてフリーズしたに等しくなってしまう」

「あたしたちから見たら、悪魔の代行みたいな憲法ルールね」

「そういうこと。自民党改憲草案の第98条と第99条の緊急事態条項がどういうものか知りたい？」

ノリカもケン太も頷いた。

「じゃ、説明しようかな。まず、第98条の最初の部分に、なんでも口実にできかねない仕掛けがある」

「仕掛け？」

「そう。こう書いてある。

緊急事態法ルール1

内閣総理大臣は、我が国に対する外部からの武力攻撃、内乱等による社会秩序の混乱、地震等による大規模な自然災害その他の法律で定める緊急事態において、特に必要があると認めるときは、法律の定めるところにより、閣議にかけて、緊急事態の宣言を発することができる。


仕掛けというのは『その他の法律で定める緊急事態』なんだよね。わかるかな、どういう仕掛けか？」

「えっと……わかった、『その他、法律で定めてしまえばなんでもＯＫの緊急事態』でしょ」

とノリカは答えた。

「どういうこと？」

首をかしげるケン太に、ノリカは説明した。

「『その他の法律で定める緊急事態』を『その他、法律で定めてしまえばなんでもＯＫの緊急事態』と置き換えると、見えやすいかも。

内閣総理大臣は、我が国に対する外部からの武力攻撃、内乱等による社会秩序の混乱、地震等による大規模な自然災害その他、法律で定めてしまえばなんでもＯＫの緊急事態において、特に必要があると認めるときは、法律の定めるところにより、閣議にかけて、緊急事態の宣言を発することができる。

どうかしら？」

「なるほど。総理大臣の率いる権力＝政府＝国会の多数党が決める法律に書かれていることが緊急事態になるということか。これまた、権力者が主役の発想だ」

「そう。その法律を解釈して緊急事態を発するのも総理大臣なんだよね」

「その他の法律を作って、それによって緊急事態を発するまでもなく、日本のどこかで地震が起こったら、それを口実に緊急事態を発することができる。日本は地震大国だから、そのチャンスはいくらでもある」

ふたりのやりとりを聞きながらジュンはうんうんと頷き、その先を話した。

「それで、

緊急事態条項ルール2

緊急事態の宣言は、法律の定めるところにより、事前又は事後に国会の承認を得なければならない。


どうよ、これって?」

「国会の多数派を率いるのは総理大臣だから、国会の承認はすぐに得られるだろうね。事後でもいいんだから、まず口実を作ってさっさと緊急事態を宣言し、それをあとから国会に承認させるのなんて楽勝にできちゃう」

ケン太はそう答えた。

「そうだね。それで次。ここからは99条。

緊急事態条項ルール3

緊急事態の宣言が発せられたときは、法律の定めるところにより、内閣は法律と同一の効力を有する政令を制定することができるほか、内閣総理大臣は財政上必要な支出その他の処分を行い、地方自治体の長に対して必要な指示をすることができる」

つまり、国会などすっとばして、国会によらずして実質的な法律を作れちゃうということ。これって、どうかな？」

「『内閣は法律と同一の効力を有する政令を制定することができる』の主語は『内閣』ですよね？」ケン太は質問した。

「ああ。でも、内閣のボスは総理大臣だし、緊急事態条項を利用してこういうことをしたい総理大臣は要するに独裁者になりたい総理大臣だろう。彼の内閣の大臣たちはみんなそういう総理大臣の子分ばかりだろうから、結局、総理大臣の案か総理大臣のＯＫした案しか法律と同じ効力を持つ政令にしかならない。ということはやはり、総理大臣は独裁権を持つ独裁者だということになるだろうね」

「なるほど」

「では、次に行こう。

緊急事態条項ルール４

前項の政令の制定及び処分については、法律の定めるところにより、事後に国会の承認を得なければならない。

どうだい、これは？」

「ルール２と同じように、国会の事後の承認は必ず得られるんじゃないかな？」

とノリカは答えた。

「そうだね。じゃ、次。

緊急事態条項ルール5

緊急事態の宣言が発せられた場合には、何人も、法律の定めるところにより、当該宣言に係る事態において国民の生命、身体及び財産を守るために行われる措置に関して発せられる国その他公の機関の指示に従わなければならない。

この場合においても、第十四条、第十八条、第十九条、第二十一条その他の基本的人権に関する規定は、最大限に尊重されなければならない。

どうかな、これは？」

「『最大限の尊重』か決めるのは独裁者やその子分の権力者たちなんでしょ？」とケン太は言った。

「そうだね」

「なら、ほとんど尊重しなくても、場合によってはまったく尊重しなくても、『これがいまの状況においての最大限の尊重です』とか言ってみんなの権利や自由を好きなように制限したり奪ったりすることができちゃうよね」

「ぼくもそう思う。じゃ、最後のルール。

緊急事態条項ルール5

緊急事態の宣言が発せられた場合においては、法律の定めるところにより、その宣言が効力を有する期間、衆議院は解散されないものとし、両議院の議員の任期及びその選挙期日の特例を設けることができる。

どうよ、これ？」
「そうね、衆議院が解散されないということは総理大臣の支配する衆議院の議員たちの顔ぶれがずっと変わらないってことでしょ？」
「そう。衆議院の多数派の議員のなかから総理大臣は選ばれるから、その多数派がずっと変わらないということは総理大臣もずっとかわらないということさ。ずっと総理大臣のまま、緊急事態を終わらせることのないまま、その総理大臣はどんどん自分の独裁権を強めて行ける。そうして行って、憲法をなくすところまで独裁権を強めれば、彼は専制君主にだってなれるだろう。というわけで、自民党改憲草案第98条・第99条、緊急事態条項は、緊急事態を宣言することによって、憲法を独裁者が主役のそれに一気に変えてしまうルールなんだ」

「わかったわ。でも、外部からの武力攻撃、内乱等による社会秩序の混乱、地震等による大規模な自然災害がもしも起こったときには、どうするの？」

ノリカの問いにジュンは答えた。

「ちょっと調べればわかるけど全部、憲法に緊急事態条項を入れなくてもいまある法律で十分に対応できるんだよ」

「そうなんだ？」

「ああ。憲法を変えたい人たちは、一番最初にこの緊急事態条項を国民投票にかけようとしているようだ。おためし改憲とか、なんとか耳障りのいいことを言ってね。しかも、環境権とか、みんなが『それを憲法に入れるの、悪くないね』と思えるようなルールとセットで国民投票にかけようと考えているようだ」

「なんかズルッ」

「そうだね、まったく。で、自民党を始めとする、憲法を変えたい政党が衆議院でも参議院でも3分の2以上の数を持っているいま、いつ憲法を変えるための国民投票が行われてもおかしくはないんだ。憲法を変えるための憲法審査会も、もうとっくに始まっている」

ジュンはそう言った。

「いまの日本国憲法の3大特徴は、国民が主役、基本的人権の尊重、平和主義だったわよね」とノリカ。

「そう」

「それを、権力者が主役で、基本的人権は法律で奪うことができて、戦争OKの憲法に変えようとしているのね？」

「そう、そういう憲法に変えたいんです、とちゃんと言わないままでね。そして、なによりも忘れちゃならないのは、彼らはまず第一に、いまの日本国憲法を、独裁者が主役の憲法に変えたいと思っているということなんだ」

「緊急事態条項で、ってことね？」

「そう。憲法を変えたい人たちは緊急事態条項を、まず一番最初におためし改憲とか言って国民投票にかけようとしてるって言っていたことを忘れちゃいけない。

彼らは『２０１２年自民党改憲草案にはこだわらない』と言っているけど、でも『２０１２年自民党改憲草案は撤回します』とは言っていない。

彼らが口でなにを言っても、やはり彼らはいまの『みんなが主役の憲法』を、独裁者も含めた権力者が主役の憲法に変えたいと思っているに違いないんだと考えた方がいいよ。

いま、ぼくたちみんなは、

「みんなが主役の憲法」を選ぶか？
それとも「権力者が主役の憲法」を選ぶか？

そういう決断を迫られる、大きな歴史のクロスロード、つまり十字路の上にいるんだ」

ジュンは言葉を続けた。

「あと、徴兵制のことなんだけど。わかるかな、徴兵制って？」

「いやでも強制的に兵隊にされちゃう制度でしょ？」

「そう。自民党の改憲案が通ると、徴兵制は憲法上可能になると思う」

「ほんとに？」とケン太。

「うん。いまの憲法の18条と自民党の2012年改憲草案の18条を比べるとわかるんだけど、それをする前に、徴兵制に関する安倍総理大臣の発言を紹介したいと思う。

2013年5月15日に安倍総理大臣は参議院で、『現行憲法においても徴兵制は認められない』と発言し、現行憲法で認められない根拠については『犯罪による処罰の場合を除いて本人の意に反する苦役に服させられないとの条文（18条）に反するものだと理解している』と説明し、そして次のようなことも説明したんだ。『自民党の憲法改正草案でも【何人も犯罪による処罰の場合を除いては、その意に反する苦役に服させられない】という同じような条文があるので、徴兵制は認められない』って」

「へえ」

「この説明が正しいかどうかは、いまの憲法の18条と自民党改憲草案の18条を比べればわかる。

いまの憲法の18条

何人も、いかなる奴隷的拘束も受けない。

自民党改憲草案の18条
何人も、その意に反すると否とにかかわらず、社会的又は経済的関係において身体を拘束されない。

どう違うか、わかるかな？」

「『いかなる』と『社会的又は経済的関係において』が違うのはわかる。あ、そうか、わかった」

「ほんと？」

「うん。自民党の改憲案は、『いかなる』はないから、『社会的又は経済的関係において』は身体を拘束されないけど、『それ以外の関係において』は政府が国民の身体を拘束することOKということになるんでしょ？」

「あたり」

「『それ以外のどんな関係』だったら身体拘束OKなの？」

「軍事的な関係においてとか政治的な関係においてとかならOKということになるね」

「軍事的な関係においての身体の拘束OKだから徴兵制OKになる」

「その通り」

「じゃ、政治的な関係において、というのは？」

「政府に政治的に逆らうものたちは身体拘束ＯＫということだと思う。秘密警察とか特高警察とか憲兵とかがそういうことをしてもＯＫということになる」

＃32　天皇陛下のメッセージ

「ところで２０１６年８月８日に天皇陛下がビデオで国民にメッセージを伝えたことを知ってるかい？」

ジュンはケン太とノリカに尋ねた。

「そうなの？」とケン太。

「あたしはなんとなく、そういうことがあったってことは覚えている」とノリカ。

で、憲法とも関連づけてぼくの言葉で言い直せば、天皇陛下はこういうメッセージをみんなに伝えたんだよね。

国民のみなさん。

私は権力者ではありません。

私はお飾りでもありません。

天皇は身分ではなく、憲法によってみなさんから「国民の統合の象徴」という役割を与えられた人間です。

だから年をとったり健康を害したりしてその役割を十分に果たせなくなったときには、生前退位して次の天皇にその役割をバトンタッチすべきだと思います。

そして国民のみなさん。

私は一人ひとりの国民のみなさんがこの国の主役であることを認識しています。

その一人ひとりのみなさんの安全と幸せを祈るのが私の役割です。

そしてときには一人ひとりのみなさんの言葉に耳を傾け、思いに寄り添うことをとても大切なことだと考えてきました。

私の曾祖父明治天皇、祖父大正天皇、そして太平洋戦争に負けるまでの父昭和天皇、それらの天皇は大日本帝国憲法によって、憲法上の独裁者という立場を与えられました。それはこの国一番の上から目線で民を見下ろす立場でもあり、生きる神とさえ位置づけられていました。

それに対して、私は日本国憲法から「国民の統合の象徴」という役割を与えられて生きてきました。

私は、上から目線でみなさんを見下ろす立場にあった戦前の父や祖父や曾祖父とは異なり、自分からみなさんを訪れ、話を聞き、励ましたり理解し合ったりしながら横並びにあろうと努力してきました。

そして、国内の各地域に生きて、地域を愛し、共同体を地道に支えているみなさんこそがこの国の主役であり、そういうみなさんによってこの国が支えられていることを認識してきました。

私がこの認識をもって、天皇として大切な、国民を思い、国民のために祈るという務めを、人々への深い信頼と敬愛をもってなし得たことは、幸せなことでした。

私が、みなさんによって与えられた、この民主的で平和な日本として伝えたいメッセージは次のようなものです。

権力を持つ者も含めてすべてのみなさんがそんな風にあろうと意識し努力すれば、

みなさんは『和をもって貴しとなし』合い、違いを認め合いながら横並びに日本国民として結びつき合い、さらに世界の人とも同様に結びつき合えるでしょう。

私は自分の子や孫や子孫が権力者の一員となることなく、いま述べたようなメッセージを身をもってみなさんに伝える象徴としての役割を途切れることなく果たし続け、どのようなときにもみなさんと共にあり、みなさんと共に民主的で平和なこの国の未来を築いて行けることを願います。

これが天皇陛下からみんなへのメッセージだったんだ」

※実際のビデオで天皇陛下が述べられたお言葉は次の通り。

私はこれまで天皇の務めとして、なによりもまず国民の安寧と幸せを祈ることを大切に考えて来ましたが、同時にことにあたっては、ときとして人々の傍らに立ち、その声に耳を傾け、思いに寄り添うことも大切なことと考えてきました。天皇が象徴であると共に、国民統合の象徴としての役割を果たすためには、天皇が国民に、天皇という象徴の立場への理解を求めると共に、天皇もまた、自らのありように深く心し、国民に対する理解を深め、常に国民と共にある自覚を自らの内に育てる必要を感じてきました。こうした意味において、日本の各地、とりわけ遠隔の地や島々への旅も、私は天皇の象徴的行為として、大切なものと感じてきました。皇太子の時代も含め、これまで私が皇后と共に行って来たほぼ全国に及ぶ旅は、国内のどこにおいても、その地域を愛し、その共同体を地道に支える市井の人々のあることを私に認識させ、私がこの認識をもって、天皇として大切な、国民を思い、国民のために祈るという務めを、人々への深い信頼と敬愛をもってなし得たことは、幸せなことでした。

憲法の下、天皇は国政に関する権能を有しません。

これからも皇室がどのようなときにも国民と共にあり、相たずさえてこの国の未来を築いていけるよう、そして象徴天皇の務めが常に途切れることなく、安定的に続いていくことをひとえに念じ、ここに私の気持ちをお話しいたしました。

「こういうメッセージを国民に伝えた天皇陛下は、みんなが主役の憲法と、独裁者も含めた権力者が主役の憲法とどっちが好きかな？　天皇は、『国民が主役、基本的人権は尊重する、平和主義』のいまの憲法を『独裁者も含めた権力者が主役で、基本的人権は奪えて、戦争のできる国にする』憲法に変えたい人だと思うかい？」

ジュンの質問にノリカは、

「『みんなが主役』の憲法が好きな人だと思う」

と答え、ケン太は、

「いまの憲法を『独裁者も含めた権力者が主役で、基本的人権は奪えて、戦争ＯＫの国にする』憲法に変えたい人ではないことは、天皇陛下のメッセージからはっきりわかるね」

と答えた。

ジュンはふたりの答えに頷いた。

「ぼくもそう思うよ。天皇陛下は戦前のような身分としての、憲法上の独裁者としての天皇、軍隊の最高司令官としての天皇、生きる神様としての天皇には決して戻りたくない、ひとりの日本人として国民と共に生きたい、と思っていることがメッセージからはわかる。

平野文書を書いた平野三郎さんは著書『天皇と象の肉』（けやき出版）のなかでこう書い

ていた。

『(天皇は)象徴となられてさぞお喜びだろう』という先生(＝シデハラさん)の言葉は、天皇が天皇の大権なるものにさらさら固執する気はなかったことを見抜いていたことを意味する』

とね。

シデハラさんは象徴天皇と第9条をセットで憲法にいれることをマッカーサーに提案してこれをOKさせた。象徴天皇と憲法第9条は最初から切っても切り離せないセットだったことを忘れてはいけないと思う」

Qは無邪気な笑顔を浮かべながら言った。

「いまの天皇は『和をもって貴《とうと》しとなし』と「十七条憲法」の第一番目に書いた聖徳太子の魂の子孫なんだ。彼は国民主権の象徴であり、『和をもって貴しとなし』のをみんなに伝えるメッセンジャーとして、あのメッセージを国民に伝えたんだと思う。

そういう『和をもって貴しとなし』の大和心《やまとごころ》が開花したのが憲法第9条なんだと思う。『戦争放棄』『戦力不保持』『交戦権の否認』をあわせ持つ憲法、そこまで徹底した平和憲法を持つ国は、いまも世界で日本の憲法第9条だけなんだ。

その花の開花した日本は特別な素晴らしい国なんだ。

外国の憲法では、1949年に作られたコスタリカの憲法は『常備軍(＝いつも存在する軍隊)は持たない』って書いてる。憲法上、臨時の軍隊は持てるけどね。でも、議会も政府も裁判所も学者も一般市民も『臨時の軍隊であろうとなかろうと、とにかく軍隊は持たない』ってことを、憲法裁判所の判決などの憲法の解釈を通じて選んでいる。そういう意味ではコスタリカ憲法も立派な平和憲法だし、『外国からみたら軍隊にしか見えない自衛隊』を容認しているいまの日本よりすごいかもしれないけどね。コスタリカでは、憲法裁判所の判決によって、憲法の解釈として、国民一人ひとりの『平和への権利』が人権として認められている。

でも、文章になっている憲法では、やっぱりシデハラさんが生み出した日本の第9条が世界で一番進んだ平和憲法で、その根にある人類全体のためにそうしたという考え方もまたそうで、やっぱりすごいと思う。そのことは、コスタリカの憲法裁判所で国民一人ひとりの『平和への権利』なんかを勝ち取ったロベルト・サモラさんというコスタリカの弁護士さんも認めているんだよね。

第9条を生み出したシデハラさんは、平野文書に記録されている彼の証言のなかでこう言っている。

『非武装宣言ということは、従来の観念からすればまったく狂気の沙汰である。だがいまでは正気の沙汰とはなにかということである。武装宣言が正気の沙汰か。それこそ狂気の沙汰だという結論は、考えに考え抜いた結果もう出ている。

要するに世界はいまひとりの狂人を必要としているということである。何人かが自ら買って出て狂人とならない限り、世界は軍拡競争の蟻地獄から抜け出すことができないのである。これは素晴らしい狂人である。世界史の扉を開く狂人である。その歴史的使命を日本が果たすのだ。

僕は第9条によって日本民族は依然として神の民族だと思う。なぜなら武力は神でなくなったからである。神でないばかりか、原子爆弾という武力は悪魔である。日本人はその悪魔を投げ捨てることに依て再び神の民族になるのだ。すなわち日本はこの神の声を世界に宣言するのだ。それが歴史の大道である。悠々とこの大道を行けばよい。死中に活というのはその意味である』

シデハラさんの言葉を書き残した平野三郎さんが、シデハラ先生がこのぐらい先を見通して、全人類のことを考えて、っていうところでお嬢さんの前で号泣した事実も忘れてはならないよね。日本人や日本政府が積極的に世界に第9条をプロモートしていたら、世界はもっと平和になっていたんじゃないかと思う。

ニュージーランドの首都ウェリントンの植物園に【広島・長崎の火】がいまもともり続けているんだって。

太平洋戦争をイギリス軍として戦い、戦後、占領軍として日本に来たニュージーランドの兵隊さんが広島の見るも無残なありさまを本国に手紙や写真で伝えた。それをきっかけにニュージーランドでは毎年8月6日にヒロシマデーが催され、いまも続いている。

戦後しばらくしてから、南太平洋ではアメリカ、イギリス、フランスなどによる核実験が行われるようになり、警備に駆り出されたニュージーランドの兵隊さんも被曝したりして、原水爆反対の運動が沸き起こった。そのニュージーランドの、いまは亡きデービッド・ロンギ元首相は、多くのニュージーランドの人々と共に世界で初めての反核法を作った人なんだ。

彼はこう言っているんだ。

『1985年にニュージーランドはフランスのムルロア環礁での核実験に反対したが、そのとき虹の戦士号というグリンピースの平和船艇をオークランドの港でフランスの諜報員に爆破され、ひとりの平和運動家の尊い命が奪われました。

もちろん、私は国際司法裁判所にまで訴えてフランス政府の責任を厳しく追及しましたが、結局逮捕したフランス人ふたりのスパイを釈放しなくてはなりませんでした。

しかし、1995年、日本の大蔵大臣の武村正義氏がピースボートにのって核実験に反対してムルロアの現地に向かったとき、フランス政府は日本政府に内政干渉だといって激しく抗議しましたが、それ以後ムルロア環礁での核実験は中止せざるを得なくなりました。ニュージーランドのような小さな国が反対と叫んでも大国は要求にこたえるどころか、脅迫さえしてくるのですが、しかし、日本のような経済大国が平和のために動けば、驚くような成果が実現するものなのです。』ってね。

積極的に動きさえすれば、憲法第9条を持つ日本人や日本政府は世界の平和の実現のために大きな役割を果たせるはずなんだ。それは時空を超えたシデハラさんの願いでもある。そして、いまの天皇の願いでも…。いまからでも遅くない。この花を枯らすことなく、世界に積極的に広めて、戦争も核もない平和な世界を創り出してね。過去・現在・未来の、時空を超えたすべての自分のために」

その声はケン太とノリカの心のなかで響いた。

ノリカはQに尋ねた。

「……でも、あなたはいったいだれ？」

ケン太も言った。

「俺も知りたい。いったいだれなんだ？」

Qは無邪気に笑いながら答えた。

「ぼくは未来から来た。ケン太とノリカ、ふたりの子供だよ。ぼくの時代の運命はふたりも含めたみんなが握っている。ぼくたちのためにどうぞ正しい選択をして。

憲法は、みんなの明日、僕たちの明日がどんな明日になるかを決める、国の設計図なんだから」

Part 5
日本人だからできること

＃33 憲法第９条は世界の宝だって、難民キャンプで教わった

「そろそろぼくの出番かな？」

ケン太とノリカのうしろから、男の声がした。ふたりは振り向いた。紺のダブルのスーツのボタンを外して粋に着こなしている外人がふたりに微笑みかけた。スーツの下は白地に細いピンクの縦縞のシャツだった。

「初めまして。ぼくね、ライター・ジュンの友だちのＫＥＮです」

「わ、日本語うまっ」

とノリカ。

「ぼく、日本生まれの日本育ちなの」

ＫＥＮは答えた。

「ＫＥＮはジャーナリストなんだ。それだけじゃなくて、災害救助のグループのリーダーで、日本やいろんな国に災害救助に行っている。そういう活動のために、戦争やってる場所にも行ってるんだよね。だから、ゲームのなかとかじゃない、本当の戦争のことも知ってる」

ライター・ジュンは友人をそう紹介した。

「そうなんです。実は最初からここに座ってみんなの話聞いてました」

とＫＥＮ。

「ぼくとＱはそのことを知ってた。出番だと思ったところで話に加わってって頼んだのはぼくだから」とジュン。ＫＥＮは立ち上がって「よいしょ」と座っていた椅子を手に取り、ジュンとＱの間にそれを置いて座った。

「で、この本はこの先もフィクションとして続きます。でもね、ジュンと同じで、これから話すことはすべて現実世界の著者のぼくが現実世界の読者に伝えたい、現実世界の本当のことなんです」

「了解」

とケン太は言い、ノリカも頷いた。

Ｑは ＫＥＮに微笑みかけながら尋ねた。

「ねえ、ＫＥＮさん、ぼくは第９条と言う世界でひとつだけの花が咲いているから日本は特別な素晴らしい国だってことをケン太とノリカに話したけど、ＫＥＮはさんどう思う？」

「ぼくもそう思うよ。ぼくにね、そのことを教えてくれたのは、戦争に巻き込まれて命からがら逃げてきた難民の外国人だったんだよ。その人と出会ったのはヨルダンという国の難民キャンプだったんですよ」

「マジ？」ケン太は目を丸くした。

「うん、マジ。聞きたい？」

「はい」

ＯＫ。じゃ、と、ＫＥＮは話し始めた。

「ぼくが災害救助のグループをやってるってこと、いまジュンが話してくれたよね」

「ええ」

ケン太は頷いた。

「ちょっと関係ないような話から入るけど、ぼくね、ジャーナリストの活動や災害救助の活動とリンクする形で、大学で学生に教えたり、あちこちで講演を、つまりぼくの体験や考えをみんなに話す会をやったりしてきてるの。で、１９８９年10月に、中央大学で講演したんだけど、その講演をする前の日に、サンフランシスコで大きな地震（１９８９年10月17日、サンフランシスコ郊外サンノゼ市の南方に位置するロマ・プリータ山付近を震源地とする大地震）があったんですよ」

「3・11の、東日本大震災みたいな？」

　ケン太は質問した。

「そうそう。で、そのときに、学生たちに、みんなで救援に行こうって言ったらおもしろいかなと思って、大学の先生に聞いたんですよ、そしたら、『いやあ、KENさん、うちの学生みんなどうしようもないですよ。そんないいことする奴いないから。そんなこと言わないでください』ってそう言うから、ぼくカッと来てさ。で、講演終わったあとに学生たちに言ったんですよ。『みんなね、今回大きな地震があったんだけど、みんなで行こうじゃないか。行きたい人がいたら手を挙げてください』って。そしたらね、100人くらいいた学生のうちの10人くらいがすぐに手を挙げたんですよ」

「おー、なんかカッコいい！」

　ケン太は思わずそう言った。ノリカも頷いた。KENも頷きながら先を続けた。

「でしょ？　そしたらさ、もう大学の先生パニックでさ、すごいよ、なんか慌てて前まで来てさ、『困りますよ』って」

「言葉は悪いけどさ、そういうケツの穴の小さいセンコー、よくいるよね？」

とケン太が言うと、ノリカはそうそうと頷いた。

「だよね、ぼくはね、笑いながら言ったの、センセー、あんた、どうしようもないって言ってたけど、こうやって10人も手を挙げたじゃないですかってさ。そしたら学校の人がカンカンに怒ってね、『そんな、約束違うじゃないですか。そんな。無責任なこと』って、ツバ飛ばしながら言うの。こっちはハイハイって感じでとりあえず『わかったよ』って答えて、学生たちに向かって笑いながら言ったの。『そんなに簡単に手を挙げちゃダメだよ。航空券もお金かかるし、サンフランシスコって寒いし、こんな調子だったら多分大学から退学になるしね、だからやめといてください。でも、どうしても行きたい人がいたら外で待っていてください』って言ったの」

「おー、おもしろい、自分、外で待つ方かも」とケン太。

「だよね。センセーは二度とぼくを呼ばないって。ぼくは二度と行かないよ、このくだらない学校にはって。で、外に出たら、その10人が38人に増えてた。で、このメンバーがずっと、もう今回、この前、熊本の災害行ったんですけど、もう89回目、ずっと行ってるんですね」

「そうなんだ、ビックリ〜」

ノリカはおもしろそうに言った。

「ありがとう。で、話はここからなんですね。その2年後、中東で湾岸戦争っていう戦争があったの知ってる?」

「中東って、アラビアンナイトとかアラジンとか、あっち系の国のあるところだよね?」

とノリカは尋ねた。

「そうそう。イラクっていう国がクウェートっていう隣の国に攻め込んで、クウェートに住んでいた人がたくさん難民になって、地続きのヨルダンって国に逃げ込んだ」

「そのヨルダンに救援活動にいったのね?」

とノリカ。

「そう。そのときに、たまたま外務省に渡辺泰三《わたなべたいぞう》さんていう報道官の人がいて、彼とは前から知り合いで、ヨルダンの難民キャンプに行きたいと話したら、いつ行くんだ? って聞かれたの。すぐにでもって答えた」

「飛行機で行くわけだよね。結構お金かかるんじゃない? 自腹じゃいけないな……」

とケン太。

「大丈夫、そういうときはいつもは航空会社から無料の航空券をもらうんです、みんなお金ないからね。そのときも航空券をもらうのを待っていたんですけど、そしたらね、外務省の渡辺さんが言ったんだよ。『なら、政府の特別機があるよ。木曜日に行くんだよ。あなたたち、乗って行けば。木曜日の6時に成田に行きなさいよ』って」

「おー、太っ腹」

「まあね、こういう役人はあんまりいないんだけどね。で、行ったら飛行機あるんですよ。16人で乗せてもらって難民キャンプに行ったんですよ。1991年の10月のことだったね。そしたら、3千人くらいいる難民が集まって来て、そのなかに代表のおにいさんみたいなのがいたんですよ、こんな大きな目してさ。で、彼が大きな声で『みなさん、日本から来たんですね』って聞いてきた。学生たちは『は〜い』『まあ一応、そうです』なんか情けない答え方なのね。そしたらね、その代表の人いきなり『日本ってすごい国です』って言ったの。

そのときまで、ぼくも含めてみんな、日本はすごいと思ったこともなかったの。なんですごいのかなって思った。そしたらね、『いや、聞いた話なんですけどね、戦争したくてもできない法律があるって聞いたんですけど、それって本当ですか?』って言うんだよ。いきなりヘンなこと言われて、みんな全然意味がわからなかったんですよ。とりあえず、『ああ、そうみたいですね』って答えて、そのうちキャンプのなかに入ったんですよ。

で、夜ね、なんかこう、寝ようとすると、みんな昼間言われたことを思い出して気になって、そしたら、中央大学法学部の学生がひとりメンバーにいて、なんか憲法第9条のこと言ってるんじゃないですかって言った。ああそうか、なるほどね、そういう見方があるんだなってやっと気づいた。

そしたら、すごいことに気がついた。それはね、ぼくたち日本がすごいと思ったのは、電気製品がすごいとかさ、日本の技術がすごいとか、車がとか。ところが彼らは、車とか電気製品とかはだれでも作れる、でもね、あなたたちは、なにがすごいかと言うと、あなたたちは第9条があるから半世紀以上平和だったわけで、それがほんとにすごいって。

代表の言葉がきっかけで初めて気がついたの。私たちが**世界から一番評価されてんのは、平和だってことなんだよ。**唯一戦争しないで、ケンカしないで強くなった国なんですよ。私たちが救援活動を終わって帰ろうとするとまたみんな集まってね、そのときにあの代表がぼくたちにくれた言葉は忘れられないものになったんです。

彼はこう言ったの、『日本は世界のお手本です。私たちもいつか日本みたいな国になってみせる』って。車がいいとか、電気製品がいいとか、そういうんじゃなくて、あなたたちみたいに、「戦争したい人がいてもできないような憲法のある国にしたいって……」

「私たちには空気みたいなあたり前の平和が、その人たちにとってはこの世で一番大事な、なによりもすごい宝物だった……第9条は世界の宝だって、難民キャンプで教わったのね」

ノリカはKENを見ながら言葉の溢れるままに言った。KENは微笑みながら頷いた。

#34 リアルの戦争ってマジ超ヒサンすぎ

「戦争がどんなに悲惨だったか、少し話してもいいかな?」

ジュンはケン太とノリカに尋ね、ふたりは頷いた。

「1945年8月15日に終わった第2次世界大戦で亡くなった人ってどの位いるとかというと、全世界で5~8千万人、アジアで2~3千万人、日本で310万人の人が亡くなったという数字がある」

「そんなにたくさん?」ケン太はびっくりした。

「そう。日本人、310万人のうち80万人は一般市民で、残りの230万人は軍人または軍の関係者だった。その230万人のうちの140万人は餓死だったんだ。戦って死んだのではなくて」

「食べ物がなくて死んだってことね。なんで?」ノリカは質問した。

「戦争を指導した人たちが無責任で、食料計画のいいかげんな、滅茶苦茶な作戦計画を立て続けたからだよ」

「ひどい。食べ物がなかったら戦えないどころか、生きて行けない」

「その通りなんだよね。１９４４年、つまり昭和19年、当時25歳だった友田浩さんという陸軍の中隊長さんは、インドでのインパール作戦で20日間分の食料と弾薬を入れた20キロのリユックを背負い、約５カ月間ひたすらジャングルを歩いたそうだよ」

「20日分の食料で５カ月も?」

「そう。足りない食料は蛇でもなんでも食べながら歩いたんだと思うけどね。で、友田さんの隊は２００人いたんだけど、最初から前線にいて生き残った者は５人だけで、死者の７割は餓死だったそうだよ」

「ありえないよ」

「そう思うよね。戦争がどんなに悲惨なものか、ネットとかで調べただけでも具体的な例はたくさん出てくる。飢え死にとの関係で、ひとつだけそういう悲惨な例を話せば、こういうとんでもなくショックな話がある。

第2次世界大戦のときに、南大平洋のニューギニアで戦った日本軍の兵隊さんは20万人いたんだけど、そのなかで生きて帰れたのは2万人に過ぎなかったんだ。つまり10%、10人にひとりしか生きて帰れなかった。亡くなった18万人の兵隊さんの多くは餓死だった。

食べるものがなくて、仲間の肉を食べた日本の兵隊が少なくとも20人銃殺刑に処されたという記録がある。また、平成9年10月17日号の週刊朝日には『ニューギニア現地の人で日本軍の兵士に食べられた人がわかっているだけで1817人もいた』という記事が載っている。戦って殺し合ったんじゃなくて。それだって十分に悲惨だと思うけど。もちろん、この記事を否定する人もいるけど。でも、戦争って人をいろいろな意味でとんでもなく狂わせ、壊しちゃうものだから、ぼくはそういうことがあってもおかしくはないと思っている。

友田浩さんが参加したインパール作戦に参加した9万人の日本人兵士のうちの7万人が死んで、その中の3万人は戦って死んで、それもすごい人数だけど、飢え死にした人は4万人もいた」

ケン太もノリカもなにも言わずにただ黙って聞くしかなかった。

「あと、日本の戦争指導者は、降伏して捕虜になることを禁じたんだ。その結果、太平洋のあちこちで、捕虜になって生きる道を断たれた兵隊さんたちが、全員死亡という形で無駄死にさせられたんだよね。その『無駄死に全員死亡』を『玉砕』とかいうなんか美しそうな言葉で大本営発表して」

「う……リアルの戦争ってマジ超ヒサン過ぎ……」

　ケン太は言葉に詰まった。ノリカもなんと言っていいかわからなかったが、少ししてやっと気をとり直して、

「大本営発表って？」と質問した。

「大本営というのは、戦争中の軍の最高司令部で、その公式発表が大本営発表で、負けが濃くなっても認めないでウソの情報を発表して、国民を情報操作してだまし続けていた。それは歴史の事実だけど、その後、権力者が自己の都合のよい情報操作をして虚偽の情報を発信することを大本営発表って言うようになったんだよね」

　とジュンは説明した。

「内容がまったく信用できない公式発表ってことだね？」

「そう『無駄死に全員死亡』を『玉砕』っていうのって、なんか最低だと思わない？」

「だね」

「で、その玉砕の例だけど、ビルマでは3万人以上、サイパン島でも約3万人が、硫黄島では2万人が、玉砕という名の無駄死にをさせられた。それらは玉砕のごく一部にすぎないんだよね。硫黄島では1000人ほどの日本人の兵隊さんが捕虜となったけど、その兵隊さんたちは栄養失調と酸欠で意識もうろうとしているところを捕虜になったんだ。彼らは捕虜となったあと、こんな風に証言しているんだよ。

『出て行けば、何日かすれば呼び出されて銃殺されると、教育を受けていた。最後まで見届けて死のうと思った。助かろうなんて考えてませんよ』

『どうしたと思いますか。ある兵士たちは、壕内に火をつけて攻撃に出た。そこに残った炭を食べました。1週間から2、3週間食べるものがない。生きて伝えなければならないと必死でした。理性があれば、いま死のうという人間に、水を飲ませようかと考えると思います。そういう気が起きないんです。だれにも。その水のために、殺し合いをしているわけですから。無意味な戦争と言われるのは、かわいそうです。私はこういう生き方で、精一杯だった。亡くなった人には、勘弁してくれという気持ちです』

とにかく、どんな戦争も悲惨なものであることに変わりはない。ね、KEN?」

ジュンはKENに問いかけた。目に涙をためながら聴いていたKENは頷いた。

「そうね。あの時代の日本では、ある日突然『赤紙』っていう紙っぺらが来て、それが来た男子は強制的に兵隊にされちゃう」

「強制なんだ？」

　ケン太は尋ねた。

「そう。お国のために強制的に兵隊に。これ『徴兵』っていうんです。あと、これもお国のために義務として無報酬で働かされる『勤労奉仕』っていうのもあったの」

「タダ働き……」

「そう。で、徴兵されて兵隊になると上官にしごかれるだけじゃなくて、ちょっとしたことで体罰されたりいじめられたりして、そして戦場へ行って、ある日、留守家族のもとに戦死広報っていう戦死のお知らせの紙っぺらが来るんです。彼が無駄死にさせられたとしても、それは『玉砕』として大本営発表されるんです。戦争指導者たちによるＮＨＫみたいなもので、彼らに都合のいい発表です。当時はラジオや新聞を通じて、一般国民に伝えられました。でね、せめて骨くらいは戻ってくるのかというと、そうじゃなくて、大事な子供や兄弟の遺骨が入っているのかと思って箱を開けるとなかは空っぽ。おびただしい数の骨がいまもアジアのあちこちに放置されたままになっているんです」

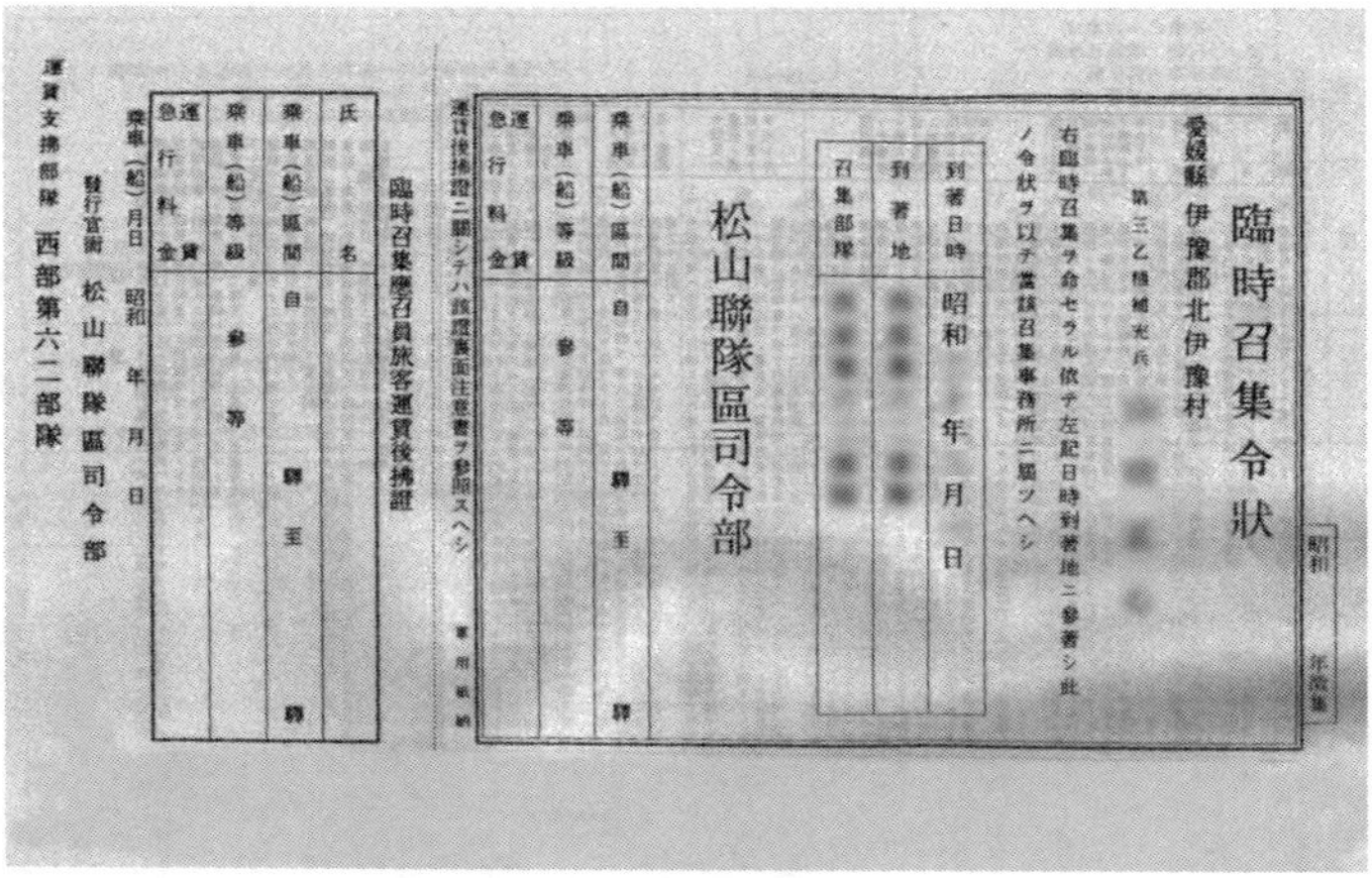

臨時召集令狀

愛媛縣 伊豫郡北伊豫村

第三乙種補充兵 [redacted]

右臨時召集ヲ命セラル依テ左記日時到著地ニ參著シ此ノ令狀ヲ以テ當該召集事務所ニ屆ツヘシ

到著日時	昭和 年 月 日
到著地	[redacted]
召集部隊	[redacted]

松山聯隊區司令部

昭和 年徴集

乘車(船)區間 自 驛 至 驛

乘車(船)等級 參 等

運賃 急行料金

運賃後拂證ニ關シテハ該證裏面注意書ヲ參照スヘシ

官用織紙

臨時召集應召員旅客運賃後拂證

氏名	
乘車(船)區間	自 驛 至 驛
乘車(船)等級	參 等
運賃 急行料金	

乘車(船)月日 昭和 年 月 日

發行官衙 松山聯隊區司令部

運賃支拂部隊 西部第六二部隊

▲『赤紙』召集令状

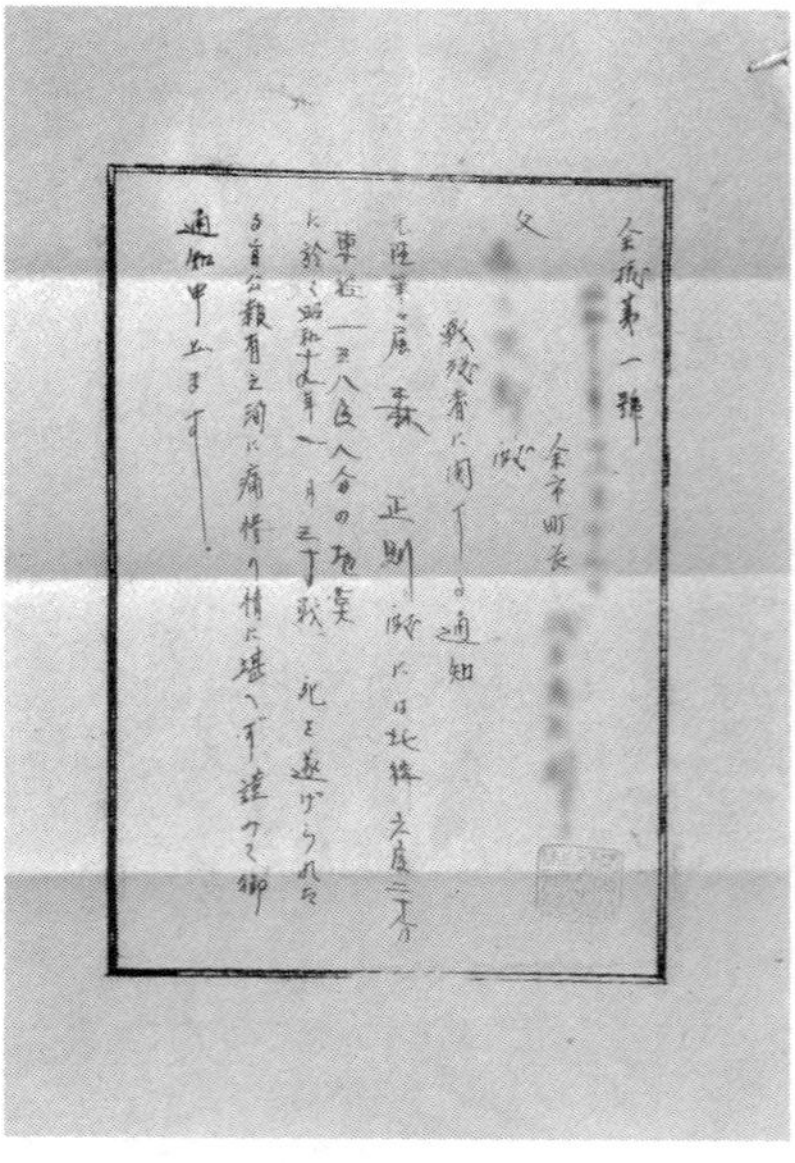

[illegible]第一號

[redacted] 金市町長 [redacted]

父 [redacted] 殿

戦死者ニ関スル通知

[illegible]陸軍上等兵 森 正則 殿ニハ北緯[illegible]度[illegible]分

東經一三八度[illegible]ニ於テ昭和十九年一月三十日戦死ヲ遂ゲラレ[illegible]

[illegible]痛惜ノ情ニ堪ヘズ謹ンデ御

通知申上ます

◀戦死公報

「マジ？」とノリカ。

ＫＥＮは話を続けた。

「三木睦子さんって言うおばあちゃんがいて。その人は、昭和50年ころの三木武夫っていう総理大臣の奥さんで、３・11の次の年まで長生きして、95歳で亡くなった人なんだけど、その人とあるイベントで会った時、確か、こんな風に言われた記憶があるの。

ＫＥＮね、今の若い子たちは実感がなくて。私が何か言って、男の子に理解してもらうのは難しいと思う。でも、女の子にはこう言ったらいいと思う。

憲法変わっちゃって戦争できる国になると、

１つ目。いい男が死んで、いなくなる。

２つ目。お化粧ができなくなる。

３つ目。ファッションもできなくなる。

この３つは戦争の時代の、若い時の私の実体験なの。

この３つを言えば女の子たちはびくっときて、日本が戦争できる国にならないように憲法守ろうと考えるようになるんじゃないかと思う、って」

「そうよね。お化粧もファッションもしたいし、いい男が死んでいくって耐えられない。だよね、ケン太?」

ノリカはケン太に同意を求めた。ケン太は顔を赤らめながら、

「ああ。死んじゃっていい女と会えなくなるのは、男としても耐えられない」

と答えた。そういうふたりを見ながら、Qは微笑んだ。KENは、

「戦争中には、『隣組』っていうご近所さん同士の相互監視団体があって、派手な服装をしてたりするとつるし上げを食らったりしたんだ」

「わっ、恐いおばちゃんたちの顔が浮かんだ。でも、そういうおばちゃんたちのなかにも、戦争が終わってから、あたしたち、なに最低なことやってたんだって反省した人もいたんじゃないかな?」

ノリカはKENに向かって言った。KENは「いただろうね」と頷いた。

#35 日本だからできること①

「世界で5~8千万人もの人が戦争で亡くなったってことは、その5倍か10倍かわからな

いけど、さらに多くの何億人とか何十億人もの人たちが肉親や友人や知り合いを失ったってことでしょ？」

ジュンはケン太とノリカに言った。ふたりが頷くのを見てから、ジュンは先を続けた。

「生きて帰って来た人たちだって体と心の両方を傷つけられて帰って来た。日本の場合は原爆まで落とされてたくさんの人が死に、生き残った人も放射線障害で死んだり苦しみ続けたりすることになったんだよね。だから、日本も含めた世界の大多数の人が、もう戦争はこりごりだし、次の戦争で原爆が使われたら人類全体が破滅するだろう、と考えて、戦争も核もない世界を心から願った。

そういう当時の世界の人の願いを代表して口にする形で、シデハラさんは憲法第9条に書かれることになる徹底した平和のルールを提案し、マッカーサー元帥を説得してＯＫさせ、その結果、第1条の象徴天皇とセットで、日本は一切の軍備・軍隊を持つことなく戦争放棄する第9条ができたってことはさっきも話したよね？」

「うん」

ケン太は答えた。

「その後71年間、戦争に参加して死んだ日本人はひとりもいなかった。戦争をしなかったおかげで日本は経済的にも復興し発展した。そんな日本みたいにいつか自分たちもなりたいって、KENは難民キャンプでクウェートから逃げて来た難民の代表に言われたんだよね？」

とジュンはKENに尋ねた。

「そう。ぼく日本生まれの日本育ちなんだけど、先祖のルーツをたどると古い時代のイラクなんです。だから、イラクに親戚がたくさんいて、2003年のイラク戦争の時にはイラクに行って親戚に会ったり、日本の学生たちと救援活動した。だから戦争のこと知ってる。イラク戦争までのイラクの独裁者サダム・フセインの時代がどんなだったかもね。聞きたい？」

KENはノリカとケン太に尋ねた。

「一番しょっぱなのシミュレーションで私に目をつけたヒトラーとは別の独裁者のことよね、サイテー。話して」

とノリカは答え、ケン太も頷いた。

「OK。あと、戦争をしない日本だからこそできたことも話すことになるでしょう。じゃ。イラク行ってびっくりしたのは、ぼくチアリって部族のメンバーだったんですよ」

「部族って、なんかカッコいい！」

ノリカは思わず口を挟んだ。

「まあね、で、親が送ったんだろうと思ったけど、ぼくが子供のころの家族の写真がその部族の親戚の家にあったりして。イラク戦争が起こる2カ月か3カ月くらい前かな、日本の若いやつを連れて行ったんですよ。それで、そのときに、そろそろ戦争来るかと思って、その、うちの部族って、アッシリア人ですけど、アッシリア人のためのいろいろ、お手伝いしたんですね。

そうしてるうちに戦争が近くなってきたけど、ぼくは残りたかったんですよ、だって、戦争のときだけ逃げて、また帰ってきたらカッコ悪いと思って。そしたらぼくのおじさんが、部族の長のところに連れて行ったんですよ。なんかヤクザの組長みたいな人でさあ、なんかひと回り背が高くて、入っていくとおつきか護衛みたいな人がふたりいて。

ぼくのおじさんが、そのマーカス・ポーカスっていう部族の長に、『ＫＥＮさんはね、戦争中イラクに残りたいと言ってるんですよ。私たちは危ないから出て行ってほしい。でも、彼は言うこと聞かないから、部族の長で決めてください』って頼んだの。部族の長が『ＫＥＮさん、あなたはどう思いますか？』って聞くから、『いや、ぼくは残りたい』って言ったの。一番危ないときに逃げたらなんか卑怯じゃないか、みんな苦しむんだったら一緒に苦しまなきゃって。そしたら、『じゃ、考えます』って言ってね、30分位いなくなったんですよ。なんか裁判みたいな感じで話し合っていたようで、30分たって戻って来て。で、部族の長は言ったんです。『結論出ました。あなたをいま部族のためを考えて、出てってください。なぜかっていうと、私たちは情報もあまりないから、あなたが戦争中出てってくれた方が、部族のためになります』って。ぼくはすごいがっかりしちゃって」

「そうなんだ。でも、残っていたら危険に巻き込まれていたんじゃない？」

ケン太が尋ねた。

「かもね。その2日後だったたか、ますます戦争が近づいて来て、いまでも覚えてますけど、帰ろうとすると、バクダッドからアンマンまでのタクシー料金が1時間ごとに上がっていた。本来はアンマンからバクダッドまでが2万円くらいだったんですよ。そしたら、気がついたら10万円に上がっていた。で、今度12万円、15万円……。それで、ぼく、どうしようかと思ったときに、たまたま、日本の共同通信の記者が用意した車があったんですよ。その人に『で、KEN、どうすんのか？』って聞かれた。『いや、もう出るけど』『じゃ、乗る？』『え、いいの？』ってなって」

「ラッキーだったじゃないですか」

とノリカ。

「そうだね。でも、危なかったのはその先で。ぼくはそのとき、ビデオとかいろんなもの撮ってたの、たくさん。で、隣の国のヨルダンのアンマンに行く途中の国境でイラク政府の最後のチェックがあるんですよ。だから、心配しちゃって、ビデオとかいろんなものを体につけて隠して、国境に着いたんですよ。そこで、サダム・フセインの手下の奴らが、みんな降りろと言って、車のチェックして、でもなにもなくて。捕まったら、そのままバクダッドに連れて帰って、拷問されたり殺されたり、どうなるかわからなかった。そしたら、ちょうど全部チェックしてOKになって、車に戻って、行こうとしたらいきなりさ、警備の人が来て、お前ちょっと来いって。おえ～っと思ってさ、で、その警備の人ぼくの体を触ってきた。そしたら、あれ、あれ、あれあれ、って感じで見つかって。それでなかに呼ばれて、それで、ビデオとかいろんなもの、全部で10個以上かな、全部並べられたの。タクシーの運転手がもう大声で叫び始めたの、もう、殺されるかと思って、だって、戦争起こる数時間前で、サダム・フセインの政府に捕まってるんだよ。ぼく、もうおしまいだなって思って。スパイとして、死刑だよ、殺されちゃうよ。そしたらね、すごいこと起こった。その警備のおじさんが、なんかタオルみたいなものの上に全部ビデオを並べて、そこで捕まると思ってたら、彼がね、寂しそうな顔をして、それを全部くるんだままたたんで、ぼくに渡して言ったんです。『世界のみなさんに私たちの悲惨さを伝えて下さい』って。あの瞬間、フセインは終わったなと思った。彼のスタッフまでもがね、そんなことを言うんだから」

「すごい体験したんだね」

ケン太はまじまじとKENを見た。

「でね、平和な日本に生まれ育ったぼくは、戦争を望む人間なんていないと思ってたの。ところが、それは間違いだったんです」

「そうなんだ？」

「そう。なぜかと言えば、あまりにもサダム・フセインの独裁がひどくてね。だって、いきなり人がいなくなっちゃうんですよ」

「マジ？」

というケン太の問いにジュンが答えた。

「マジ。日本でも、あの戦争の時代には、特高警察（特別高等警察）とか憲兵とかが、政府に反対する人間をある日突然連れ去って、拷問したりしていたんだよね。KEN、そうだよね」

「そう。バクダッドにいたある日、うちの教会でね、なんか平和の会があったんですね」

「それって、イスラム教の教会？」

ノリカは質問した。

「キリスト教の教会。イラクの人はみんなイスラム教だって思うかもしれないけど、うちの部族もぼくも、アーメン、つまりキリスト教だから。それで、終わったあとみんなで教会で食事してたんですよね。そしたらいきなり、横にいたぼくの親戚のおじさんがね、まっすぐ前を見たまま、横にいるぼくに言ったんですよ、『俺たち、きょうここに来たくなかったんだよ』って。『え？ なんでまっすぐ見ながら？』ってぼくは思ってさ。でも、すぐに気づいた。教会のなかにもサダム・フセインのスパイがたくさんいるんですよ。だから親戚の彼はバレないようにまっすぐ前を見たまま、言ったんだよ。『私たちはね、無理やり、この平和の会に来たんだよ、私たちは一日も早くアメリカとかイギリスにね、空爆して欲しい』って。で、ぼく、『なにバカなこと言ってんです？ 空爆して欲しいってどういうことなんです？』ってやっぱり前をまっすぐ見たまま聞いたの。そしたら彼は答えた。『だって。もうたまんないってんだよ、もう。ぼくのね、孫がね、朝起きてテレビつけたらサダム・フセインチャンネル1、2。テレビどこ見てもサダム・フセインしか出てこない。お金もサダム・フセインの顔。もうどこ行ってもサダム・フセインのお写真。起きてもサダム・フセイン、寝てもサダム・フセイン。だから、もうアメリカとイギリス、来て空爆してください。俺喜んで死んであげるよ、その代わり、自分の孫が学校に行っても、もうサダム・フセインの勉強をしないでいい国にしてほしい』って。

だから最後の数日はアメリカが来なかったら、イラクの人たちがね、大量自殺するところだった。我慢できなくて。百万人の人殺したんです、独裁者のサダム・フセインは。好きなように人を連れ去って拷問したりひどいことしたんです。連れ去られた人、それっきりで、死んでるかも生きてるかもわからない。そんなのもうたまらないから、って」

「KENさんの親戚も、連れ去れたりひどい目にあったりしたの?」

Qが質問した。

「もちろん。アグブレイブっていう、拷問したりする刑務所があったんですけど、ぼくの親戚のひとりがそのアグブレイブに入ってました。毎日5時ごろ拷問が行われてたんですね。彼は眉毛の上に大きな傷があって、体中にタバコのあとがあって」

「ひどい」

ノリカは顔をしかめた。

「また、ぼくのいとこは外務省にいたんですね。女の人で、ロシアに行ったとき、大使から自分の女になれと言われて、私はキリスト教だからそういうことはできませんと断ったら首になってイラクに戻され、アグブレイブに7年入って、毎日強姦されていました。うちの親戚はそう言う風にいろいろやられていましたね。

イラク戦争の始まる前に、ぼくらは教会にこもってたんですよ、サダムに捕まらないように。1月ごろ行ったのかな、バクダッドに。で、その間、基本的に教会にこもって、夜はおじさんの親戚の家に泊まっていた。だからね、ぼくはね、ひとつ変わったのは、日本にいると私たちは平和の尊さを知らない。ぼくね、初めてね、そのことを理屈じゃなくてわかった。いまでも覚えてますよ、どこまでひどかったかというと、たとえば電話が鳴るでしょ、電話が鳴ったら家族中がパニックですよ、いつサダムが来て連れていかれるかわかんないんですね。ぼく、家に、タクシー乗って帰るじゃない、どこのタクシー？　どうやって乗ってきたの？　朝から晩まで、いつ連れ去られてもおかしくなくて、もうパニックになるんですよ」

「……」

「……」

ケン太もノリカも言葉がなかった。その顔を見て、KENは言った。

「キツい話してごめんね。とにかく、日本にいたら空気みたいなものでしかない平和がどんなに貴《とうと》いかわかったのはそのときなんです。あともうひとつ、とっても大事なことを話したいです」

「どんなことですか?」

ノリカは尋ねた。

「それはね、平和な日本だからできることがあるってことです。イラクを出たあとぼくはいったんアンマンに行って、それで、戦争中はアンマンに日本の学生たちをみんな集めて、戦争終わったらイラクに救援物資とお手紙を持って行く計画を進めたんです。アンマンにはイラクから逃げて来た人たちがたくさんいたけど、イラクに残った家族とのコミュニケーションを取る手立てがなくなっていて、家族が生きているか死んでいるかわかんないんですよ。だから学生たちと一緒にヨルダンの新聞に行って、書いてもらったんです。日本の若者がいまアンマンに来ていて、バグダッドに家族がいる人へ手紙を持って来たら、戦争終わったらバクダッドに届けてあげるって。あと、衛星電話と支援物資も必要としています、って。その新聞読んで、イラクで一番大きいトラック会社の社長から連絡が来て、20トントラックくれたの。そして、あちこちから物資が集まって来て、衛星電話の会社が衛星電話10個くれたの。手紙は約５００通も集まってきたの」

「そういうときって、人間って自然に助け合うんだね」

ケン太は言った。

「そう。助け合うのも殺し合うのも人間。そして、助け合うことのリーダーシップをとることのできるのが、平和な国、日本。学生たちがなにをしたか、話してもいい？」

「もちろん」

ケン太はそう答え、ノリカも頷いた。

「それで、戦争が終わって、日本の学生たちが、とにかく運ぶ準備して、それをＣＮＮが世界に中継したんですよ、日本人がアンマンに集まって、イラクのためにやってますと。その中継をしたときには、戦争は終わってたんだけど、まだ空爆が恐かったんですよ。車が動いているだけで、アメリカは敵かどうかわかんないから、空爆しちゃうんですよ。学生たちは10分でも早く行きたいのよ。でも、アメリカ政府と連絡を取って、安全に行けるかどうか確認しないと、途中で空爆されちゃいかねなかった。それでアメリカ大使館と交渉したんだけど、夜寝て、朝起きたら、トラックいないんですよ」

「ほんとに？」

とノリカ。

「ほんとに。テーブルの横に置手紙があって、『KEN、ごめん、もう待てなかった』って。おいおいお前らなにやってんだって。それで心配で心配でね、必死に車乗って、追いかけたんですよ、ところが、あの、国境に着いたら、国境のみんなが『さっき通ったよ』って。ヨルダン川の係官は止めようとしたんだけど、強引に行っちゃって、イラク側は人がいなかったから、ノーチェックで行けたということだった。もうダメだと思って、でもとにかく追いかけたの。その間、あちこちに空爆にあって破壊され動かなくなったトラックがあって、うちのかな、うちのかな、って見ながら進んで行ったんです。ちょっとトラックが小さいから、こいつら死んじゃったかなとか思いながら。国境から3、4時間のところで、やっとゆっくり走っているトラックが見えたんですよ。近づいて見たら、学生たちはトラックの上に寝っ転がって日光浴してんのよ」

「力抜けたでしょ？」

「それはそうだけど、とにかく追いついて、お前らなにやってんだ？ どんなに危ないかわかってるのか？　そう言ったらなんかね、夜出たんだって。そしたらね、夜中から朝方まで、ヘリがね、トラックにライトを当てながらずっと上について飛んでたんだって。だから、俺たち大丈夫だって。なんて能天気。ぼくが大使館に連絡した結果、そういう風に護衛してくれたのかもしれなかったんだけどね。その能天気な学生たちがバクダッドに着いたらもう神様になった。トラックは水と食料と薬を運んできていて、トラックの上から水とか食料とかを配った。バクダッドの人はもう何日も食べたり飲んだりできないでいたから大喜びだったの。それでそのまま車でうちの教会に行ったんですよ。着いたら、教会の神父さんが『なんだよ、勝手に来んなよ。電話して来い』って。『いや、すみません、電話が通じませんでした』と謝って、それで、救援物資を全部降ろしてね、そこから配ったんですよ。そして、10個持って行った衛星電話は1個ずつ各教会に置いて、その電話のところに朝から晩まで普通の市民が並ぶんですよ、何百人も。そこから、3分交代で、家族や親戚などに自分たちは生きているって電話したのね。

日本の学生たちは500通の手紙をなんとすべて届けたんですよ。教会の人たちが『私たちが預かって、配りますよ』って言ってくれたのに。ひとつひとつの住所を、戦争で破壊されたバクダッドの街のなかで探し歩きながら。そして相手からお返しの手紙をもらって、アンマンに戻って届けたんだよ。『地元の人に任せたらいいじゃない？』って言ったら、『いや、私たちは、預かってますから』ってさ」

「能天気って言ったけど、なんかすごい」

ノリカは感動した様子でそう言った。ケン太も「スゲースゲー」と頷いた。KENも微笑みながら頷いた。

「日本だけが戦争と関わってなかったから、みんなに信頼され、まっさきにバグダッドに入って喜ばれたんです。ここがポイントね。それで、バグダッドの一番中心の広場に行って、【アンマンの家族のお手紙】って看板張って、イラクのみんなが来て、私たちは無事ですよっていう手紙を書いて、それを持って学生たちはアンマンに戻って新聞にレポートしてもらって、『バグダッドからの手紙を預かっています。家族や親戚がバグダッドにいる方、あなた宛の手紙があるかも』って書いてもらって、それでまた、全部で500通くらい、返事の手紙をバグダッドに返したんです。それが本来の日本の姿であってね、他の国は戦争に関わったけど、日本だけが平和だったからできたことなの。その後、日本の外務省がイラク復興パンフレット作ったんですよ。その一番上にあの学生たちの写真と、バグダッドの中心で手紙募集してますというポスターが紹介されていて、ぼくまだ持ってるよ。ほら」

▲イラク復興パンフレット（日本外務省）

そう言ってKENはみんなにそのパンフレットを見せ、そして続けた。

「忘れちゃいけないのは、日本は平和国家だからそういうことができたってこと。ぼくたちは80数回、世界中のこういう現場に入っていて、いつも日本だから別扱いだった」

ノリカもケン太も、なるほど、と納得した。

「それはぼくも納得できる。KENの言う通り、日本が平和国家だからこそ、日本にしかできないことで、世界に貢献できることがあると思う」

ジュンもそう言った。

＃36 日本だからできること②

「でもさ」とケン太は腕組みしながら言った。「自衛隊って、あれ、軍隊じゃないのかな。映画のシン・ゴジラとかでガンガン強力な武器をぶっぱなすのを見たら、だれでもやっぱり軍隊じゃないかって思うんじゃゃ……」

ジュンは頷いた。

「いい質問だね。その通り、世界も自衛隊は軍隊だと思ってる。日本国内では、第9条で軍隊は持てないことになってるから、あれは自衛隊だって説明されているし、武器も、防衛装備とか言ってるけど、実質、自衛隊は世界で第四番目の戦力を持っている軍隊だよ。でも、自分の国の外には出さないいってルールはあった、最近まではね」

「最近まではって？」

「2015年に、憲法は変えずに、解釈で、戦闘OKの自衛隊を国の外に出せるように、自民党や公明党がしてしまった。強行採決ってやつで無理矢理にね。だから、自衛隊は南スーダンに行ったりしている」

「それって、それこそ憲法違反の、権力の好き勝手なふるまいじゃないの？」

ノリカは質問した。

「その通り。自民党や公明党は、屁理屈つけて憲法違反じゃないと言い張っているけどね、でも国会で3分の2の議席を持ってるから、そんな風にできちゃう」

「いま一番危険なのは、初めて日本が悪い国の仲間になったっていうこと」

と言ったのはKENだった。

「軍隊を国の外に出さないということは、どこの国から見てもいい国だって見られる。でも、戦闘ＯＫの軍隊を国の外に出すようになったら、つまり戦争できる国になったら、それは、悪い国の仲間入りをしたってことになる。そうなったら、世界のお手本として世界に平和をプロモートすることはできなくなっちゃう」

「たしかに」

「だから、平和っていうのが、とても大事なことなんです。少なくとも、国の外に戦闘ＯＫの自衛隊を出せないように戻さなきゃいけないの。もちろん、自衛隊ではなく、『国防軍』という軍隊を作って国の外で戦争できるように憲法第９条を変えようとする動きにはノーを言うべきだと思う。

日本ってね、ちっちゃな島なの、憲法捨てたらね、何もないんだよ。経済発展だって平和だからできたんだし。なんでサミットを日本でやるのか、なんで日本がＧ７であるのか、それは日本が世界のお手本として平和に経済を発展させてきたからなんです。

世界中が、たとえばさ、自分のクラスだけに真面目な奴がいたりとかさ、成功した奴がいたら、自分はそうならないかもしれないけど、こいつがいる限り、希望があるのね。いやあ、日本ってすごいな、私たちもいつか日本みたいになりたいなってそういう存在であり続けなきゃ。世界の誇り、世界の憧れって、そういう存在であり続けなくっちゃ、世界が本当に平和になる可能性はなくなっちゃうと思うんです。日本の憲法第9条が変えられちゃったら、世界に対する打撃がどんなに大きいか。

いまでもあの言葉が響くんですよ。２００３年の12月のことだけど。自衛隊が非戦闘地域での人道復興支援活動安全確保支援活動のために、イラクのサマワに入ったときの生テレビを見ていたイラクの人たちのリアクションはなんだったか？　あ、よかったな、じゃなくてね、『え、なんで日本って軍人さんがいるんですか？』で、その次の言葉は一生忘れないけど、『日本も悪い国になったんですか？』って。

平和国家として世界に平和をプロモートする、そういう日本の仕事はとても重要なんですよ。広島長崎に原爆を落とされた日本こそが、平和を旗印に外交をしなければ。だのに、イラク戦争で自衛隊を外に出し、安保法制でますます軍隊を外に出せるようにした日本は自分から、平和というせっかくの日本のブランドを傷つけてしまって、せっかくのことをできなくしている。

憲法改正して軍隊を外に出しおおっぴらに戦争できる国にするなんて、愚の骨頂というやつでしょ。平和だけは、それは私たちの心であって、体制が守ってくれないんだったら国民は立ち上がって、ここでラインを引くべきだと思いますよ。そしてもっと世界に平和を、憲法第9条を広めたらいい。

たとえばいまのシリアの問題、日本が行けばいいんだよ。日本の外務大臣がダマスカス行ってさ、交渉すればいいじゃない？　たとえば、シリアでね、政府と反政府勢力があって、それはどっちも、ある意味では正しいんですよ。そこで日本が間に入ってね、たとえば反政府勢力に対して、いろんな援助をする代わりに戦争をやめてもらって、コロンビアみたいに党を作って国会議員にしてあげるとか、そういう建設的な提案をして実現させるとか、そういうことを日本がやったらいいんです。いまのロシアのクリミア、ウクライナの問題だって、日本が行けばいいじゃない？　日本が平和だからこそ、私たちのチームはもうなん10回もよ、どの国でも、他の国だったら入れないのが、日本だから入れたんですよね。日本の外交が平和を誇りに思って、日本があちこち行って、解決すればいいんですよ」

ＫＥＮの言葉にジュンも頷いた。

「ぼくもまったくKENに大賛成。さっきも話したけど、フランスによるムルロア環礁の核実験は、それに反対する日本の武村正義大蔵大臣が現地入りしたことがきっかけで中止せざるを得なくなった。日本の現職の大蔵大臣がひとり行ったら止まったって、すごいと思わない？　そういうことができるのは9条を持つ平和国家日本だけなんだよね。武村さんの行動は正にシデハラさんが思い描いていたことでもあった。もしもシデハラさんがいまの時代に生きていたら、シリアにだってクリミアにだって行って心と心で交渉して、平和を実現するために最大限の努力と工夫をしたに違いないと思うな。

あと、これは割と最近のことだけど、２０１６年８月４日、日本のＪＩＣＡ（国際協力機構）の落合直之氏が、公益財団法人世界平和研究所の『中曽根康弘賞』を受賞したんだよね。

落合氏はミンダナオのムスリム系武装組織とフィリピン政府との紛争地域の最前線で、現場での信頼関係を築きながら、和平合意の実現に向けた日本政府とＪＩＣＡの平和構築支援の実施に貢献してきた。彼の『紛争影響地域の地べたを這いずり回り、現地の人々との対話を重視する姿勢』が評価された結果の受賞だった。

これもまた、第９条を持つ平和国家日本だからこそできる積極的な平和への貢献のひとつの実例なんだよね。

でね、これは元自衛隊員の泥憲和さんって人が彼のフェイスブックで紹介していた、２０１２年４月２日の朝日新聞の【ゲリラ　娘の名は「平成」】という記事に書かれていることなんだけど、そのムスリム系武装組織の幹部が娘に『ヘイセイ』って名づけたんだって。どうして娘にヘイセイと名づけたのか、その幹部はこう言ってるんだよね。『私は日本に来て、広島・長崎にも行った。そして日本の人々が心から平和を愛していることを知ったんだ。私の国もいつか日本のように、平和で豊かな国にしたい。そう思って、娘にヘイセイと名づけたんだよ』って」

「すごい！」とノリカ。

「ほんとだよね。マスコミはこういうことをもっとちゃんと報道すべきだと思う。政府だってこういう動きをしっかり支援し、自らもどんどんやるようにならなくちゃね。そんな風に、これからは、みんなで日本人としての誇りを持って積極的平和国家日本を創り、世界に平和を、第九条を、プロモートして行こうよ。KENと一緒に、KENみたいに。それぞれのやり方で」

「すごいね。よし、頑張らなきゃ！」

ノリカは胸を張って微笑みながらそう言った。

「いいかも」

とKENも笑いながら頷いた。そんなふたりをQは嬉しそうに見つめた。

＃37　自衛隊は警察・消防・保安にそのままましちゃえばいい

ＫＥＮは自衛隊についての自分の考えを話し始めた。

「社会党、共産党が一番失敗したのは、自衛隊反対、でもその代わりにどうしようってことを言わないことなんですよ。自衛隊はいらない、その代わり、治安維持のためにどうしようかと言ったとき、警察（国内）と消防（災害）と保安（海・空）に自衛隊をそのままましちゃえばいいとぼくは思ってるの」

「ＫＥＮが言っているのは、要するに自衛隊は軍隊でなくなるってことだよね？」

とジュンは質問した。

「そう。自衛隊の人がみんな転職する形で、軍隊でない警察、消防、保安で働けるようにしてあげればいいんです」

「わかる気がする。いつ、自衛隊をそんな風にしたらいいって思いついたの？」

ノリカは質問した。

「自衛隊を警察、消防、海保に分けるというアイディアを思いついたのは、島原雲仙の火山噴火の災害の救助に行った１９９２年かな。あのとき初めて、現場で自衛隊を見たの。

前の戦争で軍部がバカなことやったおかげでたくさんの人が死んじゃったから、戦争のあと、軍服見るだけで日本人は怒ってたんですよ。怒り覚えたんで、軍人の姿なかったんですよ。でも、体制はなんとか軍隊戻したいから、災害現場を通じて、軍服姿を国民になじませようとしたんですよ。ひとつのきっかけは1992年のカンボジアの派遣のとき。これは大きな課題だったんですよ。

ちょうどあの頃、島原雲仙で初めて、自衛隊を現場で働かせ始めたんですよ。で、なにをしたかというと……。ぼくら災害現場行くと必ずコミュニティとつながって、やることをやる。現場にだって、お寺がある、教会がある、消防がある、病院がある、郵便局がある、そういったところと連携しながら、市場原理、つまり現場の必要に応じて活動するんです。お寺や教会や消防や病院などは地域のなかにも外にも、国中に、極端に言えば世界中に、ネットワークがあるから、そういうネットワークを活用しながら。

ところが権力はね、そういうネットワークとは関係ない自衛隊を、憲法改正のために、無理にぶち込むんですよ、災害現場に。で、みんな知らないんですけど、災害現場で、自衛隊は迷惑」

「そうなんだ?」

ケン太はそんなことを聞いたのは初耳だった。

「3・11後の東北なんか、もう最悪だよ。自衛隊のおかげでね、道路が詰まっちゃうんですよ。で、ひとりかふたりでできること、自衛隊は10人とか20人もかかっちゃってさ、もう能力がよくないですよ。要するにその、『自衛隊は役に立つから存在する価値があるということを国民にイメージアップする』という政治的な目的で自衛隊を派遣するんです。

島原に初めて自衛隊が来て、PR活動やってんですね。ぼくらそれ見て初めてゾッとしたの。ちょっと待ってよ、そっか、軍人さんって人殺すために訓練してるんでしょ？　人殺しがなんで人助け？　そこで初めて思ったんですよ、自衛隊をなくして警察と消防と海上保安とかに分ければ同じ人数で……本当の目的は災害救助でしょ？　国を守ること。海を守る。空を守る。これが本当に本当だったらいいじゃないか？　そこでなんで自衛隊が出てくるかって言うと、本音が違うんだよ、本音は、軍隊を蘇らせようとしてるんだよ。これはもうミエミエだよ。これに対して、国民が気がついて、軍隊復活には断固として反対しないといけないんです」

「ふーん、そういう宣伝のためだったんだ？」

とノリカ。

「そう。社会一般とおんなじで、災害の現場も、世界中おんなじで、要するに市場の原理、現場の必要に任せるもんなんですよ。どうしても役所ってさ、自分で仕切ろうとするんです。ガチャガチャガチャガチャガチャ調べて、じゃ、何月何日に来て、どこどこに持っていけばいいって。で、九州からわざわざ持ってくのよ。現場に着いたらもう状況は変わってて、もういらないって。持ってった人、カンカンに怒るじゃない？」

ノリカもケン太も頷いた。

「それよりも、だれにもことわらないで、勝手に行く方がいいの。勝手に来たのに、現場に着いたらいらないって言われても、怒れないでしょ、自分で来たんだから。とにかく、世の中ってのはね、市場の原理に任せるのが、重要なんですよ。物事を、普通の一般市民に任せると、グワーッと市民のなかから智慧が沸き起こるんですよ。

民主主義の基本は、セレブやエリートから見たらバカな国民でもね、そのなかから一番の真理が出てくるっていう思想なんですよ。災害現場も同じようで、お上が、まったくいないと、役所とか自衛隊がいないとなにが起こるかというと、自然にものと人が集まってきて、ちゃんとニーズのあるところに行くんですよ。

それで災害現場の一番の問題ね、いままさに熊本がそうなんだけど、引くのが難しいの。

どっかで援助引かないと、戻れないんだよね。でも、現場のニーズに任せていれば人数がいらなくなると、自然に去ってゆく。社会福祉協議会がコンピューターで、何トンはここ、何トンはここ、とかやってると能率いいと思いがちなんだけど、逆なんだよ。やりきれないの。

たとえば大分からやってきたUさんが石巻に着くの。で、2トンの米持ってきましたって言って、あちこち避難所回るの。やっともらってくれるところが見つかって、帰ってくるの。それで、『Uさん、今度ねうち、キュウリが欲しい』って言われたら『え、きゅうりね、わかった』って、今度、きゅうり持ってくるの。だれかが上で仕切って、トマト、キュウリ、毛布とかやってるよりもいい。

ところが自衛隊が入ってくると、これ全部止まっちゃうの。自衛隊は、米炊くの、あとは水を出すの、それ以外やらないの。朝から晩まで、ひたすらご飯炊いているの。ところがご飯だけ与えても、だから避難所の人たちはさ、ご飯だけじゃなくておかずとかもほしいのに、自衛隊は朝から晩までご飯を炊いてるだけ。その自衛隊は1日3食ね、もうムチャクチャいいもの食べてんの。肉とか魚とか。でも、上から言われたことしかしない。それ以外には使えない」

「それ、ひどいね」

ケン太は腹立たしそうな顔をした。

「でしょ？　迷惑なの。なんにもしてくれない。だから、一番最初は消防と警察が入ればいいんですよね。消防はレスキューできるんだから。警察はそのフォローができるんだから。

ぼくらがある日、島原のときだけど、自衛隊のところ行ってさ、彼らは何百人も来ていていいもの食って、なんにもしてないんですよ。頭に来て、自衛隊の幹部のところ行って、ちょうど私たちは、トラックの積み荷を降ろして、それを倉庫に入れてたんですよ。こっちは人が足りなかったから、自衛隊に手伝ってくれって言った。ところがね、2時間経って戻って来たら、救援物資は倉庫の外に山ほど貯まってんの。箱を運びなさいって命令されてた自衛隊は命令されたこと以外はやらないから、箱が終わったらそれで作業をやめて、物資はガンガンガンガン貯まっていったの。

政治的な理由で自衛隊を使うことによって、災害救助の運営がおかしくなっちゃう。社会福祉協議会と自衛隊は、戦前体制の蘇《よみが》りなの。彼らは災害救助の名目で戦前を戻そうとしているの」

「だから、自衛隊を警察、消防、保安に分けて軍隊じゃなくしちゃおうって？」

ノリカは質問した。

ＫＥＮは「そう」と答え、次のようなことを言った。

「ひとつ、ちょっと象徴的なことがあってね、２０１５年4月、天皇陛下と美智子様が太平洋戦争屈指の激戦地であるパラオを慰霊のために訪問したときのことなんだけどさ、そのとき、安倍晋三総理たちは『パラオの警察官はわずか２００人で、警備にあたるのは50人足らず。警備態勢の整ったホテルもないため、訪問はご遠慮いただきたい』と言ったみたいなんだけど、天皇陛下と美智子様は『宿泊は船のなかでも構わない』って言って、その結果、この訪問が実現したの」

「天皇陛下と美智子様が戦没者の慰霊に赴けば、国の内外で〝戦争を反省する天皇〟の姿勢と〝好戦的な首相〟という対比をされかねない。だから官邸はパラオ訪問に消極的で、ホテルの警備が手薄なことを口実に、ふたりが行くのを辞めさせたかったんだけど、ふたりは船に泊まればいいからと言って、慰霊訪問を実現させたんだよね」

とジュンはフォローした。

「そう。で、ちょっと象徴的なのは、その時、陛下と美智子様が自衛隊の灰色の船じゃなくて、海上保安庁の白い船を連れて行って泊まったってことなの。安倍総理は機会があれば自衛隊の灰色の船を出したい人。でもそれで行ったら、『なにしに来たんだ?』って警戒されておかしくない。天皇陛下と美智子様は、灰色じゃなくて、白い船で行って、パラオの人たちに大歓迎された。白い船なら世界中どこに行っても歓迎されるの。自衛隊の灰色の船は全部白い船に塗り変えちゃえばいい」

「海上自衛隊は全部海上保安庁の船に変えちゃうってこと?」

「そうそう」

「いいアイディアだね。これはマッカーサー元帥の側近中の側近のホイットニーという人が書き残した『日本におけるマッカーサー 彼はわれわれに何を残したか』(毎日新聞社)に書いてあることなんだけど、あの日、シデハラさんはマッカーサー元帥に『軍隊を持ったら経済的負担が大きくて復興できない。持たない方がいい』って言ったんだって。軍隊を持てばムチャクチャにお金もかかる、際限ない軍拡競争にも巻き込まれないで済むし、警戒されなくて済むしね」

とジュン。

「ぼくがお酒飲まないのと一緒。飲み出したらきりがないから」

とKEN。

「ＫＥＮの考えはシデハラさんと共通していると思うよ。警察はＯＫだけど軍隊はノー、というのがシデハラさんの考え方だった。それを世界中のモデルにして、だれもついて来なくてもそういう旗を掲げて、ひとりでも行くんだということもシデハラさんは言ってる。

そして、『世界がひとつになって、どこの国も世界の警察力に叶わないくらいの武力しか持たなくなったら、世界が平和になって世界の秩序が保てる』ってシデハラさんは平野文書のなかで言ってる。マッカーサー元帥も最初はシデハラさんと同じ考えだったけど、１９５０年1月1日の朝日新聞で元師は自衛権を認め、１９５０年6月25日、朝鮮戦争が始まると、マッカーサーというよりはアメリカ政府の考えで警察予備隊ができ、それが１９５４年に自衛隊になっちゃって。そうするとね、なにが起こったかというと、さっきもちょっと言ったけど憲法第9条では『すべての戦力を持たない』となっていたために、自衛力は戦力ではないという風に解釈されるようになった。そして憲法上、日本は軍備を持てないから、武器を〝防衛装備〟と言うようになった。そしていまでは自衛隊は質・量ともに世界でも上の方にランクされる〝防衛装備〟という名の武器を持っている」

「ツジツマ合わせのために、言い方変えて？」

とノリカ。

「そう。自衛隊は人を殺す訓練をしているだけじゃない、その装備は軍備にほかならず、量も質も世界有数のものを持っている。そういう軍備を持ったままだと、なんと名前を変えようと、世界からは軍隊だと思われるんじゃないかな？ それに、シデハラさんが平野文書で言ってるように、自衛と言っても、相手に対抗するために相手よりも多く持ったら、同じことになるの、結局。そのために国民経済も圧迫される。だから、警察、消防、保安に分けたときに、軍備をどうするかって問題が残るのね、やっぱり」

「過剰な武器はなくさなきゃダメ。当然。なんで自己防衛のために攻撃用ミサイルが必要なの？」

とＫＥＮは言った。

「で、もうひとつ、要は自分たちの国の外に、そういうものを出すか出さないかって問題があって、ぼくは、外に出しちゃダメだと思う。強行採決で無理矢理作られた安保法制の一番の問題点は、名目はどうあれ、ともかく戦闘ＯＫの自衛隊イコール立派な軍隊を外に出すってことだけど、それはダメ、安保法制は廃止するしかないと思う。自衛隊を警察・消防・海上ないし航空保安に変えた場合に必要以上の武器は持たないようにするとか、そういったことも含めて、もっと国民みんなでディスカッションしながら深く考えた方がいいと思ってる。原点を考えれば、シデハラさんは警察以外はいらないと考えて、それが第9条の第2項になった。自衛隊が存在するいまの状況のなかで、少なくとも国の外に戦闘ＯＫの自衛隊を出してはならないというラインに戻さなきゃとぼくは思う。また、これもシデハラさんの原点に戻って考えれば、なぜいまの日本政府は外交という、最大の防衛手段のために最大限の頭脳と時間とエネルギーを注がないのか、ってのがある」

「それは、戦争したいからでしょ？」

ＫＥＮはずばり言った。

「そうだろうね。シデハラさんっていうのはまさに戦争しないで済ませるための平和外交を行い、全体を見渡し、妥協できるポイントをみつけることの名人だった。日本にもそういう、時空を超えた世界のスーパースターがいることを忘れちゃいけないと思う。再認識しよう、原点としてのシデハラさんを。現れよ、21世紀のシデハラ外交。ぼくはそう、声を大にして言いたいね」

Part 6
99%ピープル【1】
トランプ
米大統領選挙の本当の主役

#38 トランプタワーでKENは見た

「関係ないようだけど、実は、関係大ありなことをひとつ話していい？」

KENはノリカとケン太に言った。

「どんなこと？」

ノリカは尋ねた。

「アメリカの大統領のドナルド・トランプのこと」

「へえ、トランプがなんで憲法と？」

「憲法の一番の問題は、主役はぼくたちですか？　それとも権力者ですか？　ってことだよね？」

「うん」

「権力者は1％の超金持ち大企業の側の連中なのに対して、ぼくもノリカもケン太もジュンもQも99％の側の人間でしょ？」

「そうね」

「いまの世界では、1％が99％を支配し、その支配をどんどん強め、99％からよりたくさん搾り取ろうとしている。日本でも、アメリカでも、そしてイギリスなど、世界中で……。その1%に対してノーを突きつけるために、アメリカの99%の側の多くの人はトランプに投票したんです、1%の側の大統領候補と考えられていたヒラリー・クリントンではなく……。

世界を自分たちの思いのままに支配したい超金持ち大企業の独裁に対して、本来の主役である99%のピープルがノーって言った。超金持ち大企業の連中は彼らの独裁を『グローバリズム』とか言っているの。その『グローバリズム』独裁に対して、アメリカという『ローカリズム』民主主義のピープルが、ノーって言ったってわけ」

「メディアとか専門家の言うような『グローバリズム対ナショナリズム』じゃなくて、『グローバリズム独裁対ローカリズム民主主義』って言うべきだってことだね？」

ジュンは質問した。

「その通り。で、ヒラリーたちはアメリカの憲法を1%の人たちに都合のいいように裁判所の解釈によって変えようとしている。それに対するノーの投票でもあったの、トランプに入れた人たちの投票はね。日本でも、いまの『国民が主役』の憲法を『権力者』が主役の憲法に変えたがっているのは『1%の側の人』やその手下たちなの」

「なんと！　やっぱり？」

「そうそう」

「それって、わかるな」

「で、ノリカ、ケン太、君たちはいまの『国民が主役』の憲法を『権力者が主役』の憲法に変えさせちゃっていい？」

ふたりは首を横に振った。

「じゃ、アメリカで1％にノーを突きつけるためにトランプに投票して結果を出した99％の側の人のこと、どう思う？」

「すごいと思う。なんか元気づけられるっていうか！」

とケン太は答え、ノリカも

「そうそう」

と頷いた。KENも頷きながら、

「でしょ！　で、もしも、トランプを大統領にするという結果を出したアメリカの99％の側の人のウェーブが日本にも広がって来たら？」

「ますます元気づけられる。日本の99％の人もやればできるって思って立ち上がって、いまの『国民が主役』の憲法を『権力者が主役』の憲法に変えたがっている1％の側の人にノーを突きつける動きが広がるかも、日本でも」

「そういうことです。ぼくが実際に見てきたトランプの選挙のこと聞きたい？」

ケン太もノリカも「聞きたい」「聞かせて」と答えた。

「でも」とケン太は言った。

「トランプってヤバい、エキセントリックな人なんじゃないの？」

ＫＥＮは笑いながら答えた。

「ぼくは必ずしもそうは思っていない。ぼくの知ってるトランプのことを話してあげるね」

「わかった」

「実はぼく、11月からトランプタワーに行っていたの」

「そうだったんだ？」

とケン太はびっくりした。

「トランプの選挙をやっていたのは、真面目なアーメンの人が多くて、ぼくもアーメンだから、そのつながりもあって」

「開票の夜も最高だったよ。2時ごろになってさ、勝利が決まって、ウワ――――って。で、日本でもそうだったと思うけど、アメリカのメディアは92％が『ヒラリーが当選する』だったんですよ。そしたらね、普通の人が怒ってきた。あまりにもひどいって。なぜって、ヒラリーは自分たちの味方じゃなくて『1％の味方』だってわかってたから。もういい加減にしろって怒ってトランプを勝たせようと動いて逆転したんだ。トランプには、白人だけでなく、黒人とかヒスパニックとか、メディアがいれないだろうと予想したいた人たちがみんな入れた。99％に属する多くの人が投票したの。だから勝った」

「なるほど」

「そうだったんだ」

「で、トランプは勝ってから一番最初のツイッターでこう言ったんです。

これまで忘れ去られていた男も女

"Such a beautiful and important evening! The forgotten man and woman will never be forgotten again. We will all come together as never before."

なんて美しくて重要な夜！　これまで忘れ去られていた男も女も、もう二度と再び忘れられることはないでしょう。いままではそうではなかったけど、これからは私たちはみんな一体となるでしょう。

▲トランプのツイッターでの発言

も、っていうのは『99%の側の人たち』だって考えていいと思う」
「おー」ケン太は思わず叫んだ。

#39　トランプを応援した人たち①（度を過ぎたモラル低下にノー）

「ぼくは野蛮じゃない、極端じゃない、普通の優しいおじさんのトランプも知ってる。トランプがそういう問題について過激な発言をするのは、人々やメディアの関心を引きつけるためで、そう言っておいて、実際には現実的に問題を解決するのが彼のやり方だという可能性も考えた方がいい。

だから一番おもしろかったのは、メキシコ人とか少数派の人たちがトランプを応援して彼の投票したの。なんでかって言うと、たとえばあるメキシコ人がいて、この人はもうちゃんとビザ申し込んで、やっと入れたの。ところが、なんもしないでポコッと入ることに対して頭に来るじゃない？　自分が真面目に入ったのに。そしたら、トランプは、真面目に入った人は保護するって言ったからメキシコ人も入れたの。結局ね、『1%の超お金持ち』に支配される固定メディアと固定体制に対して、『99％の一般国民』が『戦後71年の間、任せてあげてたんだけど、もうダメ、もういい加減にしろ』って—それがトランプの勝利だったんです」

「なるほど」

とノリカは呟いた。

「99％ピープルとダブる人たちも、ダブらない金持ちもいるけど、真面目なアーメンの人たち、つまりキリスト教の人たちもヒラリーでなくトランプを応援した。その理由は、ヒラリーらのモラルが度を越えて低すぎると思ったから。

2012年9月11日、リビアのアメリカ領事館ではクリストファー・スティーブンス駐リビア大使ら4人がシリアのベンガジでテロ攻撃にあって殺されたの。彼は身の危険を感じ本国に警護を重ねて要請したにもかかわらず、警護してもらえなかった。さらに襲撃されたのちに13時間も放置し救援隊も派遣しなかった。当時国務長官、日本で言えば外務大臣だったヒラリー・クリントンは大使の死亡が確認された10時32分、『反イスラムのビデオ』に抗議した暴動と発表した。しかし、半時間後の11時12分、ヒラリーは娘のチェルシーに『ビデオ抗議ではない。アルカイーダの攻撃だ』とメールしたことが、あとでバレちゃったの。それから一晩たった24時間後にヒラリーは『攻撃はビデオではなくアルカイーダの計画的攻撃でした』とエジプト首相に電話してるし。ヒラリーは明らかにアメリカ国民に嘘をついたのに、２０１５年10月22日の公聴会で嘘を暴かれてもビデオ説を白々《しらじら》と強調したんです。

前後するけど、２０１３年５月20日にエドワード・スノーデン事件が起きているの。ＣＩＡ職員だったスノーデンがＮＳＡ、つまり国家安全保障局の国家秘密情報を、なんと10万件もダウンロードして持って香港に逃げちゃったの。いま彼はモスクワにいるんだけど、この持ち出された秘密情報のなかに、ヒラリー・メールも含まれていた。スノーデンはヒラリーが不起訴になりそうだと知り、『アメリカ司法省に証拠を提出する』として、ヒラリー・メールの一部を公開したんです。このヒラリーのクリス・スティーブンスとの通信文書のなかに、『カダフィを殺してしまいなさい』とか、『集めた金の処理をしなさい』という文書がたくさんあったの。外国の元首を暗殺しなさいとか、外国から奪った金を処理しなさいとか、そういう非合法活動を国務長官だったヒラリーが指示していたという内容のメールだった。これらが世界中の大手の新聞社に送られてきて大騒ぎになった。

金だけじゃないの。アメリカ政府は、カダフィを殺してその政権を崩壊させたあと、奪い取ったリビア軍の大量の兵器を、アメリカの言うことを聞くイスラム武装勢力に引き渡す秘密協定を結んだの。米軍が捕獲した大量のリビア軍の兵器や物資を、いまのシリアや北イラクに大量に移動させた。この軍事密約の武器取引を、殺害されたスティーブンス米大使が国務長官のヒラリーにひとつひとつ判断をあおぎながら実行していた。このときのふたりの通信内容が、まさしく『ヒラリー・メール』だったの。いま話したことは、主として副島隆彦さんっていう人の『トランプ大統領とアメリカの真実』（日本文芸社）という本からの引用なんだけどね。

アーメンの人たちのなかには金持ちもいっぱいいるけど、彼らは真面目だから、ヒラリーの度を越えた嘘が許せず、トランプを応援し、投票したんです」

ＫＥＮはそう言った。

「そういうことも含めて、ヒラリーたちは度を越えてモラルが低いって、多くのアーメンの人たちや99％の人に思われたんだ？　そうだよね？」

ジュンは質問した。

「そう」とＫＥＮは答え、先を続けた。

「トランプは本当に99％のための政治をやるのだろうか？　とか、そうだとしても、それは日本や世界の99%のためにもなる政治だろうか？　とか考えちゃう人も結構いると思うし、それは当然だと思うし、もちろんぼくもトランプの言うことを全部信じたりしていない。その答えはいずれ出るだろうね。でも、1%にノーを突きつけるために99%が彼に投票したことは間違いないの」

「ぼくもそうだと思う。トランプの方がヒラリーよりましだと思って投票した人もたくさんいたと思うけど……」

＃40　トランプを応援した人たち②（アンチ・デジタル革命）

「トランプの選挙イベントに行ったらみんな赤い野球帽をかぶっちゃって。もう普通のおばさん、おっちゃんだね。みんなね、いつもバカにされてる人たち。自分たちはどこ行ってもだれも認めてくれなくて、毎月、もうほんと生活苦しくて、そしてそこに来ればね、自分と同じ帽子かぶってる人がたくさんいて。あれはね、すごい、わかる？」

「サッカーとかで、観客みんながおんなじ赤いシャツ来てウェーブしているみたいな感じだよね？」

「そうそう。で、アメリカの前にイギリスでも、99％が1％に対してノーを突きつけた国民投票があって、その結果、イギリスはEUつまりヨーロッパ連合を離脱することになった」

「EU離脱ってなんか聞いたことある」

とノリカ。

「でね、イギリスもアメリカもキリスト教の歴史の国なんですよ、そして、キリスト教の人たちはいままで小さくなっていたんです。そうじゃない人が全部支配していた。ところがモラルは乱れるわ、差別は広がるわ、そしたらね、キリスト教の人が立ち上がった、簡単に言うと」

「キリスト教ってたしかに真面目そうってイメージはわかるな。押しつけられるのはカンベンだけど」

「そうだよね。ぼくは押しつけようなんてしないから、そこは安心して。で、トランプさんは全然熱心なアーメンなんかじゃない、ただのすけべだったの」

「あはははは、やっぱりそーなんだ？」

ケン太は大笑いした。

「ところが、そしたらね、ぼくの友だちがずっと彼のスタッフとして前からいるの、そいつから聞いたんだけど、トランプ陣営は、スタッフがみんなアーメンなんですよ。もう、朝、昼、夜、みんなお祈りしてるの。そういうの見て、最初トランプはバカにしてたんだけど、1カ月くらい前に、みんなに謝った。『ぼくはね、女の人に対する言葉遣いが、いろいろほんとにひどかった、許してください』『ぼくは、その、いろんな発言が、自分はあの、考えないで言っちゃって、許してください』って泣きながら、日本で言えば土下座して。トランプは大統領選挙の運動のために1年半アメリカ中を回って、お百姓さんや工場労働者や色んな人達と話して、みんなが苦しんでいるのを肌で知って人間が変わったんだって。そしたらみんな抱き合ってね。選挙のためのポーズだって言う人もいたけど、ぼくはそうじゃないと思った。」

「1％のリードする時代の流れのなかで忘れ去られた99％人たちがトランプの大統領選挙の本当の主役だったたって言ってもいいよね？」

ジュンはＫＥＮに質問した。

「そう言っていいと思いますね。ヒラリー・クリントンは民主党の大統領候補だった。もうひとり、民主党ではバーニー・サンダースっていう99％の側の候補もいて、彼はヒラリーに大統領候補の座を譲ったけど、99％の味方だった。サンダースを支持していた人の中の一定数の人たちは、ヒラリーでなくトランプに投票したの。ここもポイント」

「ヒラリーさんは『1％の味方』だから投票しなかった？」

ノリカはそう質問した。

「そう。多くの女性もトランプに入れた。で、1％の連中はデジタル的な人間でもあって、パソコンいじってマネーゲームで大儲けしてる奴らがその典型なんです。それに対して99％の人の多くを占める労働者や農民はどちらかと言えば、手や足や体で仕事するアナログ人間って、そう考えると、要はさ、デジタル化に対するアナログの革命だっていうこともできる。だからね、たとえば、ぼく、この前入院したんだけど、最近の医者はね、昔はこうやって触ったじゃん、いましないのね。全部パソコンの画面見ながらなの」

「そうそう、目もみない」

とジュン。

「でね、こうやって医者の前に座ってるでしょ？　医者はスクリーン見てんだよ、人の顔見ないでさ、あんた大変でしたね、うんうんうん、ステロイド出しましょう、あんた死ぬところでしたねって、死ぬとこでしたねって言うときも、スクリーン見ながら言ってる。データでつかめないものは『ない』『ありえない』って言うんだよね。で、ぼくは手足しびれているって言ったの。でも、データで出てこないから認めないの。『先生手足が』『申し訳ないですけど、データには……』『先生、だから、痛いって言ってんだろ』『でも……』」

「頭に来るよね？」

とケン太。

「そう。人間はアナログなの。デジタルじゃないの。で、人間を無理やりデジタルにしようとした連中に、アナログの人たちが頭にきて、俺たちはデジタルじゃないって反発したって、そういう意味もトランプの選挙にはあった。要は、その『アンチ・デジタル革命』でもあったんだよね。おもしろいよね。

あの、トランプの選挙戦のイベント会場のなかのみんなの顔は忘れられないね。日本で何万人も集まった国会の前のデモと一緒。6月6日の国会前での4万人デモでぼくしゃべったんですね。あのときの日本のみんなの目と、最後のイベントのアメリカのみんなの目と、一緒だった。普通の田舎のおっちゃんたちおばさんたちのね、頼むからなんとかしてくれっていう顔、食えない、生活ギリギリで余裕ない、医者にもかかれない、奴隷や家畜じゃないいんだ……。

そういう人たちに対してトランプは腰低いっていうかね、会場に遅れて着いたときなんてなんかバツが悪そうに、きょう遅くなってごめんねって謝って、みんなは、いいのよいいのよ、って、にこにこ迎えて、いい感じだったの。

要は世界中が戦後70年、プロの政治家たちに任せた結果、なんにもいいことない、経済落ちる、犯罪も増える、食えなくなる、で、一般の市民が、ダメ、俺たちはバカでもいいから自分たちがやりたい、選びたいと言って立ち上がった、それがぼくの見たトランプの選挙だったんです」

「おー。バカでもいいからって、なんかすごい」

ケン太は思ったことを口にした。

「でしょ? 立ち上がった99%の人たちこそがトランプ選挙の本当の主役だったの」

ケン太は会心の笑顔を浮かべた。ジュンも頷いて、こう言った。

「そう。それも大きなポイントかもしれないね。なんかいまの権力べったりの政治家とか役人とか見てると、ぼくら目線からは、結局バカで勝手で無責任してるだけじゃんみたいに思えることばかり。1%の方ばかり向いて、そっちに尻尾振ってばかりだから。バカでもいいから自分たちでやった方が賢い気がするよね。自分たちで、これはと思った賢い人を選んでその人と一緒にやるって手もあるわけだし」

「なるほど」

「でね、一言付け加えておきたいけど、ぼく、さっきも言ったように、トランプの言葉を全部信用してるわけじゃないし、彼がアメリカの９９％の人達を裏切る可能性もなくはないと思うし、彼がこれからやることが日本や世界のみんなにとっていいことかっていうと、それは期待しない方がいいのかもしれない。でも、とにかく、99％の人達が立ち上がった結果がトランプの勝利だったってことは忘れないで。アメリカの大手のメディアの92％がヒラリーが勝つと言っていたにもかかわらず、99％の人達が立ち上がってトランプを勝たせたって、すごいことだと思う。『99％の人達が立ち上がればあしたは変わる』って、それがぼくの実感」

とＫＥＮは言った。ケン太もノリカも頷いた。

＃41　トランプの赤い野球帽

「そういうわけで、いいもの見せてあげるね」

　KENはそう言って、バッグのなかから赤い野球帽を取り出して、ノリカとケン太に見せた。

「あ、トランプ（TRUMP）って書いてある」

　とノリカは叫びながら両手を広げて見せた。その通りだった。

「ほんとだ。その下の白い字は、えっと　メイク・グレイト・アメリカ・アゲイン（MAKE GREAT AMERICA AGAIN）……」

　ケン太も英語を読み上げた。

「99％ピープルつまり一般国民が主役の偉大なアメリカよよみがえれ、もう一度って感じかな？」ジュンはKENに言った。

「そう、これね、ご本山のトランプタワーから持ってまいりました。じ・つ・は、トランプ本人がかぶってたもので」

　KENはおどけた調子で答えた。

「ウソでしょ?」とケン太。

「そう。冗談はさておき、要するに、エリートはスーツだけど、普通の人はこの帽子なの。象徴的に言えばね。で、この帽子はトランプの支持者のシンボル、象徴。トランプのキャンペーンではこの帽子が、一番お金を使ったんだって」

「へえ」

「おもしろいでしょ? それを、ヒラリー陣営はバカにしてたの。上から目線で。でもねトランプはかぶった。つかんでいたんだよ。普通一般の人、田舎者ってバカにされている人とかを。彼はそういう人たちと仲間になった」

「トランプも99%ピープルなの?」

「心はね。彼は大金持ちの不動産王で、全米のテレビのレギュラー番組にも出てた超エリートのセレブなんだけどね。そういう人たちは普通そんな帽子かぶらないのね。かぶっている人たちのこと。上から目線でバカにしてるのね。でも、トランプはスーツを着たままかぶった。そしたら、たくさんの99%ピープルが、ヒラリーよりトランプに投票したの」

「自分たちのためにいろいろやってくれるんじゃないかって期待したのね?」

とノリカ。

「そう。一般の人が自分の意志を伝えられるシンボル。仲間同士であることを確認し合えるシンボル。あ、仲間がいっぱいいる、よし、頑張って赤い野球帽仲間のトランプを当選させようって、お互いに言葉じゃなくてつながりあって励ましあえる、そういう帽子。選挙のイベント行ったんだけど、1万人くらい、みんな……」

「目に浮かぶ……」

「でしょ。シンボルって、すごい威力を発揮することがあるんです。みんなの心をひとつにつなぐことによって。

でね、イギリスではEUを離脱したきっかけが、くだらないんですけど、紅茶のポットなんですよ、でそのポットがね、イギリス人みんな紅茶飲むけど、EUからね、そういう電気ポットはもう使っちゃいけませんっていうなんか規制が入っちゃったんだって」

「EUが1600ワット以上の家庭電器製品の使用を禁止する法律を作っちゃったからでしょ?」

とジュン。

「そう。イギリスの人たちの意見は聞かずに。そしたら、さすがに市民たちは怒ってね、いいかげんにしろってさ、それでEUを抜けちゃった」

「なるほど、イギリスでは99%ピープルによるEU離脱のシンボルは電気ポットだったって?」

「そうそう。そして、日本の場合、99%ピープルのシンボルはね……」

「あるの?」

とケン太が質問した。

「あるよ。ぼくが作ったシンボルと、それから、もっともっと強力なものがね。まず、ぼくが作ったものの方から話しますね」

Part 7
ケンの作った憲法バッジ

＃42　それはこんな風に生まれた

ぼくが作ったシンボルはこれだよと、ＫＥＮは小さな盾形の白い長方形で、下側に三角の切れ込みが入ったバッジをノリカとケン太に見せた。

「なんなの、それ？」ノリカは質問した。

「これ、憲法バッジなの。このバッジがどんな風に生まれたか話していい？」

「聞かせて」

「いまからちょうど10年くらい前かな、温泉で有名な熱海でね、仲間に、あの、森村誠一って推理小説の作家がいるんですね、でね、いつも夏ね、熱海で森村会という会があって、ぼくはそこに年2回講演に行ってたんですけど、10年くらい前のある夏の日、森村さんと海で花火を見ていたとき、いきなり森村さんがヘンなこと言いだした」

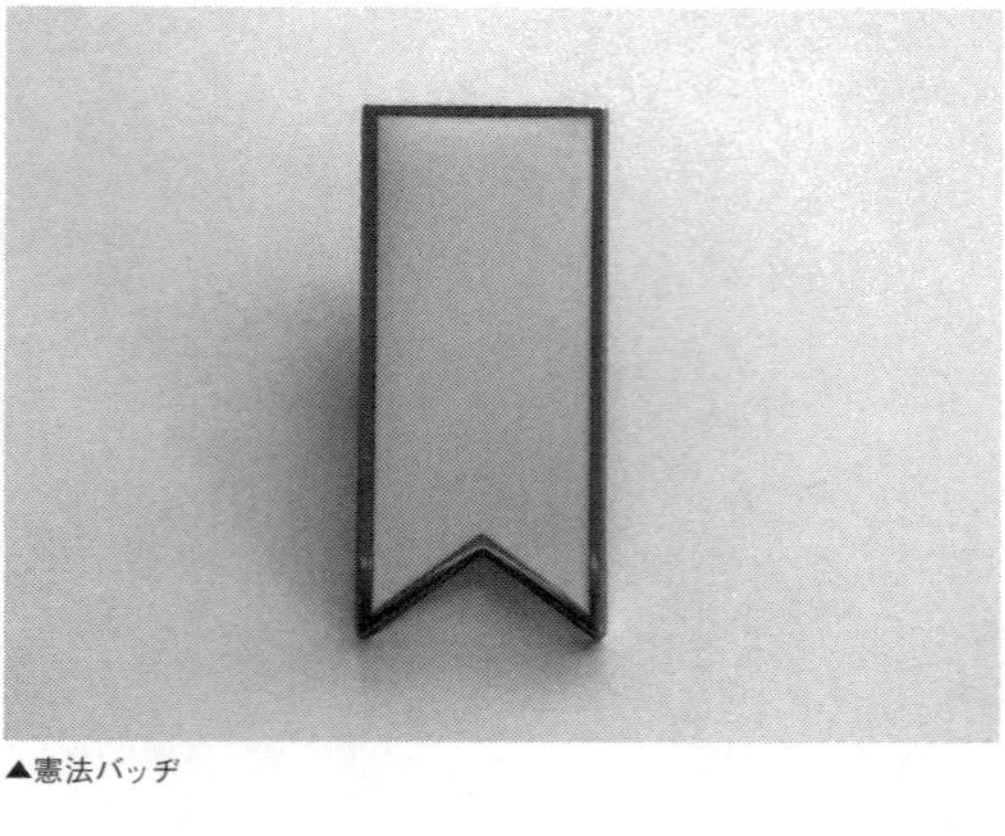

▲憲法バッヂ

「ヘンなこと?」

「そう。『KEN、わかるかい?』『なんですか?』『いまの花火ってすごいんだよ。憲法のおかげで花火ができるんだよ』って彼は言いだした。ぼくが『はあ?　なんで?』って聞いたら、『花火ってのはちょっと変えると爆弾になるんだよ。でも日本は憲法のおかげで、本来爆弾に使っている材料をこうやって人を喜ばすために使ってるんだよ』って、それを彼はちらっと言ったんだよね」

「森村誠一さんって、有名な推理小説作家でしょ。私のおじいちゃん、ファンだよ」

「へえ。で、そのあとに、熱海の帰りに、思いついたんですよ、なんかバッジみたいなのがあったらおもしろいかなって。そしたらね、熱海の駅の近くに文房具屋さんがあったの、そこで紙を買ったんですよ、黄色、白、赤かな。帰りの新幹線で切ったりいろいろやってバッジのイメージを考えたんですよ。で、東京に帰って、バッジのことを初めて話したのが、永六輔さんって人だったの。ほら、『上を向いて歩こう』って歌あるでしょ。その歌詞を作った人」

「へえ、『上を向いて歩こう』の?」

「そう。永さんとは、いまから20なん年も前にお芝居見に行ったときに偶然知り合って仲よくなったんです。永さんも憲法を守りたい人だった。一緒に本を2冊作ったりイベントをやったりいろいろやってきていたんだ。このバッジを作る計画を話したら『やろう、やろう』って応援してくれていた。渡せば当然、永さんがやっていたTBSラジオの番組とかでどんどん紹介してくれたと思う。でもなかなか実現できなくて、今年になってやっとバッジができ上がったら、その日に永さんが亡くなっちゃった。それが7月7日だった。

#43 メディアの自由ランキング下落を実感

永さんが亡くなった日にこのバッジができ上がってきたのもひとつのサインかなって思って、お葬式のときにバッジを持って行ったし、そのあと、永さんの家に行って、御線香あげて、位牌の前にバッジをささげて、永さんよろしく頼むよって」

「へえ、そうだったんだ……。KENさんって年上の大物といろいろ縁があるんだね」

「戦争を知ってる年上の人たちが、憲法を守りたいって願いをぼくに託したんだと思う。いろいろ話したり、教えたりしてくれてね。で、いまの国民が主役の憲法にはふたつの記念日があるって知ってた?」

「知らない、教えて」

「みなさん国民が主役のこういう憲法ができましたってことを発表したのが11月3日、1946年のね」

「文化の日?」

「そう。こういう憲法ができましたよって発表することを、固い言い方では、憲法が発布されたって言う。つまり11月3日は憲法が発布された日。そしてね、その憲法が、きのうまでの権力者が主役の憲法に替わって効力を持ち始めたのが1947年の5月3日」

「そっちは憲法記念日だよね」とケン太。

「そう。効力を持ち始めることを『施行された』って固い言い方では言う。つまり、5月3日は憲法が施行された日」

「わかった」

「で、7月にバッジが出て、11月3日は憲法施行70周年だったから、その間《かん》、テレビや新聞やラジオの知り合い100人くらいに、バッジのことを紹介してって連絡したの。みんなが応援してくれると思って。ところが、もうとにかく、NHKから朝日新聞から毎日新聞から20年も30年も知ってる記者のところに行って頼んだら、彼らはＯＫして、取材して、写真撮って、記事を書いてくれたんだけど、全部上にボツにされちゃった」

「え〜〜〜!?」

「ウソでしょ!?」

ノリカとケン太はびっくりした。

「ほんとの話なの。これね、言うのつらいんですけどね、『国境なき記者団』が毎年発表している『報道の自由度』のランキングで日本は世界11位から72位に下がったんですね、言論の自由がね。それを初めて肌で感じましたね。あの日もぼく必死でＮＨＫへ行ったりテレビ朝日へ行ったり。ＮＨＫにいるふたりの友だちのうちひとりは解説委員、もうひとりはデスクなんだけど、申し訳ないけどＫＥＮ、紹介できないって。テレビ朝日は友だちが夜のニュースのキャスターやっててね、彼に持って行ったら、わかった、やるよ、少なくとも背広のところにつけて番組中に説明やってみようかって。でもできなかった。テレビ朝日の夜の報道ステーションのプロデューサーも、バッジ渡して、彼も頑張ったんだけど、これもダメ。ＴＢＳの人とかにはね、なんであんたのバッジ紹介しなきゃだめ？ って言われたのね。でも、いくらなんでもひとりやふたりは紹介してくれる人が出てくると思うでしょ。それが１００％ないってことはおかしいんだよ」

「なんか、とんでもないよね……」

「メディア、真っ暗……」

ケン太もノリカも、信じられない気持だった。

＃44　東京新聞と日本の99％ピープルの反応

「ただひとつ、東京新聞だけがバッジを紹介してくれたんです。8月30日に。記事にしてくれたのは東京新聞だけなの。それで、第一面に載ったんですよ。ネットで『憲法バッジ』って検索すれば、その記事は出てくる。でも、それがたまたま夕刊だったんで、ぼくもちょっとがっかりしてたのね。朝刊より読む人が少ないからね。あの日、コンビニ行って探しても夕刊どこにもないんですよ。ところが、翌日から、とにかくひっきりなしなんだよ、電話が鳴って、鳴って、鳴って、鳴って。最初、１００個しか作ってなかったのに、一気に２０００個、オーダーが来て、バッジが足りなくなって、作るのに2～3週間かかるんで遅れちゃって。で、みんなに待ってもらって、【反応が多すぎて発送が遅れていますがみなさん心配しないでください】ってまた新聞に出して、徐々に送るようにしたんですね」

「夕刊でも、大きな反響があったんだ」

とケン太。

「そう。かかってくる電話はすごいんですよ、とにかく一日も早く欲しいって言うんですよ、遅れていますって答えてもだれも怒ったりしなくて、嬉しかった。ところがね、驚いたのはね、一般的にですよ、あんな大きく新聞に出ると必ず他の取材が来るんですよ、もう100%、少なくともラジオは来るんですけど、でも1社も来なかった。で、11月3日の憲法の記念日にも、いま話した通り、メディアはどこも取り上げてくれなかった。

とにかく、東京新聞が紹介してくれたおかげで注文がたくさん来て、それで、一番感動したのは、受け取ったという電話がいっぱい入って来て、買ってくれた人たちと話ができたこと。かかってきた電話には内容が二種類あって。ひとつは、いま80歳以上ですね、85とか86歳とか、そういう人たちだと、自分の若い歳の時代にいまはなんかそっくりだって言うんですよ。まさか戦争法＝安保法制とかあんなことが起こって日本が戦争できる国にまたなるなんて夢にも思わなかったって言って。それで、驚いている反面、もうパニックだって。それであるおばあちゃんなんだけど、自分はなにかしたいけど、デモに参加するわけでもないし、新聞に投書しても採用されないし、もうイライラして、もう夜眠れないって言うんです。で、このバッジのおかげで寝つけるんですよ、さっきも電話あったけど、そういう電話を聞いただけでもうなんか感動したよね。で、そのおばあちゃんは、朝起きて、バッジを手に取ってつけるんですよ、それで、買い物に行ったら八百屋が『おい、ばーちゃん、なに、そのバッジ？』って。『憲法バッジだよ、知らないの？　東京新聞に出てた』『うおー。ばーちゃん、そんなに怒るなよ。うち、東京新聞じゃないから』って。なんか生きがいができたって言うんだよ。ほかにも、一日中これをつけてますとか、みんなに広めてますとか、東京新聞のコピーを配ってますとか」

「すごい。バッジのおかげで元気になっちゃったんだ？」

とノリカ。

「そう。もうひとつは、あの、みんな言っているのは、あの世代の人は子供たちには戦争の話をしなかったんだって。その理由としては、もうあまりにも戦争がひどくて、せっかく日本が平和になったんだから、子供たちにそういうさびしい思いをさせたくなかったんだって。ところがいまになって気がついたのは、やっぱり子供たちには話すべきだったということで、なんでかというと、言わなかったおかげで、また同じような繰り返しが来たって言うんですね。

それで、なかなか子供に言えなかった親が、おとうさん、バッジつけて、息子が実家に帰って『あれ、親父、なに、そのバッジ？』って。『おい、ちょっと座れ』『なんだよ、いきなり？』『お前に言わなかったんだけど……』って、バッジがきっかけで初めて戦争の話をしたんだって」

「きっかけって大事だもんね」

とノリカ。

「その通り。このふたつがね、なんか永さんが天国から、プッシュしてるような気がして。で、思ったんだけど、アメリカの場合はトランプさんの帽子がなんかね、一般人のシンボルになってさ。それをつけることが意志表示で、トランプさんが、超金持ちのビジネスマンが、おっちゃんの帽子をかぶった瞬間、みんなは喜んでくれて。選挙でニューヨークのトランプタワーにいたときに、開票を見ていたんですよ、朝の2時ごろに、トランプさんが勝ったんですけど、その瞬間、あ、そうか、バッジもおんなじだなと思ってね。」

＃45　草の根の力が戻って来てる

ＫＥＮは笑いながら先を続けた。

「ＥＵ離脱やトランプの選挙で感じたのは、声なき人の声かな。ぼくは全国いろんなところで講演しますけど、どこに行ってもね、普通の人がね、いまの国民が主役の平和憲法が大好きでしょうがないんだよ。ところがね、テレビ見ても新聞読んでも、だれひとり、憲法を守るって話が湧いてこないんだって。憲法改正ばっかりで。だからね、みんながね、あれ〜、憲法どこもおかしくないと思うんだけど、と思っているのに、それを立証するものがなにもなかったので、自分の方がおかしいのかって自信なくしたりして。

ところがこのバッジのおかげで、自分たちの声がね、届くようになったんじゃないかって思うきっかけになったんですね。

『86歳ですけど、この憲法バッジ、ありがとうございました。あたしも近所に広めてますよ』って、こんなのほんと涙出ますよ。だから、永さんが天国行って、神様とケンカしてさ、ちょっと神様バッジお願いしますよって言って、神様がわかったよってなんかバッジを広めてるような感じがしましたね。ちょうどバッジができたときに永さん亡くなって、悲しかったんですけど、逆にね、天国でプッシュしてくれてて、たった100個しか作らなかったのが、いまは発送が追いつかないほど、広まったという快挙ですね。

いまも言ったように、テレビ、新聞、ラジオ——2011年には世界で第11位だった『報道の自由度』がこの5年間であれよあれよと言う間に61位も下がって第72位に転げ落ちたこの国のメディアは、どうしようもないほどひどくなったの」

「そうそう」

「とんでもないね。80位の北朝鮮に近づいちゃってる」とジュン。

「そう、でも、嬉しいのは、一人ひとりの草の根の力がね、戻ってきたってこと。そしてね、もうひとつね、トランプのおかげで勉強になったのは、英語の諺《ことわざ》でね、【自分が評価されなくてもよければなんでもできる】ってのがある。だから、自分は名前は知られなくてもいいし、特定の団体を紹介するんじゃなくてね、そういうことを気にしなければね、もう、すごいことできるんだよ」

「そうかも」

ノリカは頷いた。

「この前、国会前で憲法を守る4万人の集会とデモに参加した日本の人たちも、トランプのイベントに行って会った人も、ねえ、『もう私たち真面目にやってきたのに、私たちの声はだれが伝えてくれるの？　だれも伝えてくれないなら、自分らが声を上げるしかない。それは私たちの権利でもあるんだから』と思って、集会やデモやイベントに参加したんだと思う。

これがやっぱり自由社会の原点であって、エリートの人たちがね、あんたたちはこう考えるべきだとか、あんたたちはこうすべきだという時代からね、一般の市民がね、間違っていても自分たちが決めるって、そういう風に、世界中がなってきているように思うの。

民主主義っていうのは多数決で決まるんだから、エリート主義から一般に移ってね、国民が主人公っていつも言いますけど、ひとつの道具としてね、憲法は国民が言いたいことを言ってつながりあうことを守ってくれてると思うんです。日本だけじゃなくて世界中で。世界中の独裁者たちは憲法を嫌いなんですよ、ヨーロッパでもアメリカでも、憲法が権力の歯止めになっているんですよ、だから、権力を握ろうとしている人たちがなんとか変えようとして。たとえばアメリカの場合は、憲法の解釈を裁判所で変えるとか、そんな風にしてね。日本だけじゃないんですよ、世界中に、憲法が国民の味方、独裁の歯止めになっている」

「だから憲法を独裁者や権力者の都合のいいように変えられないように守らないといけないのね」

「そう、ひとつ、関係ないようで関係ある、永（六輔）さんの話、してもいい？」

ケン太もノリカも「聞きたい」と答えた。

＃46 上を向いて歩こう――永さんの涙は実感だった

「永さんとある日、憲法の本を作ったんですね。本ができ上がって、ＴＢＳの向かいの喫茶店で最後のいろいろな準備をしてたんですね、出版社が、本のタイトルが、『上を向いて歩こう、日本』って言ったの。そしたらね、もう見たことないんだけど、永さんがいきなりイスから立って大きな声で、俺帰るぞ、って。永さんが怒ったの見たことないから、永さんどうしたの？ って聞いたら、俺はあの歌大っ嫌いだって言うんです。出版社が『わかりました、変えます』って言ったので、永さんもやっと収まったのね。ぼくは、不思議だな、なんでだいっきらいなんだろうって首かしげた。本のなかでは最初に『上を向いて歩こう』ってのが書かれていたんだよね。戦後の焼け野原のなかでみんながさびしいときに。だから同じように、時代の繰り返しがあって、それで、上を向いて歩こう日本っていうのをもう一回、憲法の話も含めて、昔の時代に戻ることに対する注意で考えたと思います。だから、ぼくは別に抵抗なかったよ」

「そう聞いたら、私も抵抗ないな」ノリカはそう言い、ケン太も「だよね」と同意した。

「でね、まあ、わかりやすく言うと、あの歌ってのは彼がね、一晩で考えたものなんだって、でも、その歌のおかげでなんか自分の人生決められたみたいなものだったんだって。だからひとつはその音楽家としてね、あまり考えずに作ったら大ヒットしちゃった、そんな歌がこんなに有名になったってことに対するプライドね、で、もうひとつは、なんかもう自分のすべてがね、この『上を向いて歩こう』で決められちゃったってことに対する、なんかおもしろくないって気持ちね。ぼくはすごいそれが、引っかかったんだよ。で、２０１１年の夏かな、仙台の仮設住宅で、イベントがあったんですよ。永さんがいて、ぼくも一緒にいて、あと、まあ、ギターがあって、その途中でぼくね、マイク持って、会場のみんなに言ったんですよ、『みなさん、この永六輔さんってひどい人だよ』って。永さん、『なんだよ?』って、で、ぼく、『あの、今回の震災でね、一番流れた歌ってなんですか?』って。そしたらみんなが歌

いはじめたんですよ、

上を向いて歩こう　涙がこぼれないように♪

って。ぼく、マイクでさ、永さんに、『永さん、あなたの歌みんなにこんなに愛されてるんだよ、元気あげてるんだよ、みんなにね』って。よくライターとか作家っていうのはね、自分が作ったものがどこまで影響するかなかなか届かないんですよ、本人に。その瞬間ね、永さん、ぽろっと涙が出てね、ぼく、横で見てね、あ、永さんが約50年かかったけど、やっと自分の書いた歌をね、愛するようになったんだ、って思って嬉しかった。素晴らしいヒトコマでしたね」

ジュンは微笑みながら先を引き取った。

「もしも永さんがシンガー・ソングライターで、自分の作った『上を向いて歩こう』を全国で歌って回って、それを聴いたお客さんが涙を流したり拍手したりするのをジカに感じた結果の大ヒットだったら、永さんはあのとき出版社の人にあんなことは言わなかったと思う。あの歌が本当にいい歌だっていう実感を永さんは持ったと思うから。そして、そのあと出版社の人が『やっぱり別のタイトルにしましょう』ってもしも言ったら、永さんは冗談じゃないって、怒ったんじゃないかと思う。

それと同じで、いま、国民の多くは、『国民が主役の平和憲法』がどんなにかけがえのないものか実感がないけど、でも、ＫＥＮやぼくの話を聞いて、みんながそういう実感を持つようになったら、みんなが、『いまの憲法を権力者や独裁者が主役の憲法に変えるなんてとんでもない』って怒るに違いないと思うよ」

Part 8
99%ピープル【2】
天皇陛下の言葉とぼくたち

＃47 ご先祖筋の聖徳太子の話をちょっと

「天皇陛下の話をする前に、ちょっとだけ、その御先祖筋の皇族のひとり、聖徳大使の話をしてもいいい？」

ＫＥＮはケン太とノリカに尋ねた。

「それは、そのあとに話してくれる天皇の話と関係あるの？」

ノリカは尋ねた。

「もちろん」

「じゃ、聞きたい」

ノリカはそう言い、ケン太も頷いた。

「日本もアジアも自由とか民主主義の歴史がないとか言う人たちがいるけど、そうじゃない。前の本を書いたときに、京都、太秦《うずまさ》の広隆寺に行ったら、広隆寺のおばさんが言うの。『ＫＥＮね、いつも日本がどんな国であるべきかって言うときに、私言うの、聖徳太子のときの日本だって。それは、大陸があって、大陸の横にある自由の島。大陸の、世界の、一番いじめられた人、迫害を受けた人、あの島にたどり着けば自由になれる、そういう国、日本。それが私たちの原点だ』って。

だから、日本は自由とか民主主義の歴史がないとか、くだらないこと言ってないでさ。ヨーロッパやアメリカよりもはるかに前に日本には憲法があり、世界でもっとも自由と平和を求めてこの島にたどり着いた人が先祖なんですよ。これはカッコいいですよ。昔の憧れの島だったんですよ。聖徳太子の憲法は私たちの原点なんだよ」

「聖徳太子の憲法って、十七条の憲法のことなんだよね」

とジュン。

「そのこと。日本はね、603年ですよ、7世紀ですよ、マグナカルタよりも500年も先に、ちゃんと憲法が！」

「役人イコール天皇の部下たちイコール権力者たちの守るべきことを書いたものだという点では、現代の憲法に通じるものがあると思う」

「そうだったんだ？」

とノリカは目を見開いた。

#48 国民が主役の平和憲法は日本の歴史と伝統の流れのなかに

ＫＥＮの言葉を受けて、ジュンはケン太とノリカに次のような説明をした。

「改憲したい人たちは、いまの憲法は日本の伝統にそぐわないって言ってるけど、ぼくから言わせるとそれは３つのレベルで違う。

ひとつはね、縄文の時代、これは世界中がそうだったんだろうけど、縄文の時代は戦争がないんですよ。で、みんなが助け合って平和に生きていた。小競り合いとかケンカとかはあったかもしれないけど。

ふたつ目は聖徳太子の時代、『十七条憲法』のなかで、『和を以て尊しとなし』、というのが初めに出てくる。また、大阪の四天王寺では官費で、いまで言えば税金で、社会福祉事業もやった。

そしてもうひとつ、明治になったときに自由民権運動というのがあって、これは民主化運動だよね、それが国会の開設や憲法を求める運動を起こし、それがあったから政府も国会を開設し憲法を作らないわけにはいかなかった。それらが民主的かと言えばそうではなく、不十分ではあったけれど、ともかく自由民権があったからそれらができて、いまにつながっている。さっきも話したけど、自由民権運動のなかでできた植木枝盛って人の憲法草案はいまの日本国憲法にも大きな影響を与えている、国民が主役の憲法だった。ということで、日本の歴史や伝統のなかに、いまの憲法は深く根ざしているんだ」

ＫＥＮはその通りと頷いて、先を続けた。

「詳しくはぼくの別の本、『失われたアイデンティティ』（光文社）や『十字架の国・日本』（徳間書店）や『聖書の国・日本』（徳間書店）などに書いたけど。ぼくは父親とともにアーメンの人なんだけど、日本とキリスト教の関係について調査し、研究してきたの。ぼくのとうさん１９５１年の５月に船に乗って日本に来たの、22歳のときに。『日本の復興のために１万人の若者よ、日本に来てください』というマッカーサー元帥の呼びかけがとうさんの学校にも回ってきて、それに応じてね。その船のなかで、夜、貴族みたいな立派な身なりをした初老の日本人と食事の席が一緒になった。東ケ崎《とうがさき》潔《きよし》さんって人で、ジャパンタイムズっていう英語の新聞のオーナーだった」

「そんな貴族みたいな人と食事の席が一緒になったなんて、おとうさん、お金持ちとかだったの？」とノリカ。

「いいや。船のなかではお金持ちもお金ない人も同じ時間に同じ場所で同じもの食べたんだって。で、東ヶ崎さんに『どちらの方ですか？』と聞かれて、『シカゴからです』と答えると、『何国人ですか？』と聞かれた。とうさんは鼻が大きいので、それを見て、そう聞いてみたくなったんじゃないかと思うの。とうさんが『自分の両親はアッシリアの人間でアメリカに移民して、ぼくはその2世です』って言ったら、東ヶ崎さんはこう言ったんだって。

『君がアッシリアの人間と聞いて、どうしても伝えたいことがあります。それはね、実は、君のご先祖が1600年以上も前に日本にやって来ていたとことです。彼らは日本に大事な宝物を持ってきてくれました。それは、【自由と民主主義】【福祉と医療】【キリスト教】の3つです。ところが、日本は戦争に負け、この3つとも失ってしまいました。そこで、君にお願いがあります。日本に行くのなら、この3つの宝物をもう一度蘇らせてほしいんです。あなたが日本に来るのは偶然ではありません』って」

「え、本当に？」

「そう。戦前は東ヶ崎さんが言われたような考えは、ある程度の常識だったんだろうと思う。まさにとうさんの一生を変える一言だった。そしてそれは、とうさんの一生のテーマになったの。で、おとうさんは日本に来て、軽井沢で研修を受けたときに、同じくマッカーサー元帥の呼びかけに応じて日本に来たおかあさんと巡り合って結婚したの。いまの天皇陛下と美智子様が出会ってテニスデートをした軽井沢のテニスコートの向かいの教会で、同じ1950年代後半に」

「へえ、なんかドラマティックかも」

ノリカは目を輝かせた。

「まあね。実はおかあさん、日本に来たために、アメリカの両親から縁を切られちゃったの」

「どうして？」

「おかあさんの8人兄弟姉妹のうちの4人の男たちが戦争で日本と戦って生き残って帰ってきたのに、その敵を助けに行くなんて許せないって、親戚や学校の先生も呼んで説得したのに、言うこと聞かないで日本に旅立ったから」

「そうだったんだ。やっぱり、すごくドラマティック」

「で、熱海に新婚旅行に行って、ぼくができた。だからぼく、メイドイン熱海」

「あはは」

「で、おとうさんから、彼が東ヶ崎さんに言われたことを何度も聴いているうちに、ぼくの一生のテーマにもなって、とうさんが東ヶ崎さんから言われたのと同じことをその50年後に永六輔さんから言われたの。『KEN、あなたの仕事はね、【自由と民主主義】、ボランティア活動イコール【福祉と医療】、そしてその土台にある【キリスト教】を頑張ること』って」

「ほんとに?」

「そう。で、とうさんは日本に来てからひとりでずっと調べていたんだけど、ぼくも加わって一緒に調べたの。永さんもラジオで『情報をください』って呼び掛けてくれて。調べてわかったのは、日本もアジアの中心として、ヨーロッパやアメリカよりもはるかに前からキリスト教国だったし、聖書の教えもあったし、それこそ自由と人権がヨーロッパよりも500年前から、マグナカルタができるずっと前からね、あったんです。つまりね、キリスト教の自由と人権と民主主義と平和の思想が昔からあった。ここがポイントなんですよ。神様の前ではすべての人が平等で上も下もなく、また、みんなが神の子として平和を求め実現するっていうのがそもそものキリスト教の思想なんです。

これは余談だけどね、茶道は日本の重要な伝統文化のひとつだけど、おとうさんは前から『お茶はキリスト教の聖餐式だ』って言ってた。そのことを確かめるために、茶道の裏千家に行ったら、裏千家の人が『うちの家元は、お茶はキリスト教の聖餐式だってことを個人的に信じています』ってぼくに答えたの」

「へえ。びっくり」

　とノリカ。

「でしょ。そういうものを日本に持ってきたのがアッシリア人だとすれば、自由と人権と平和の思想を形にしたいまの日本国憲法とアッシリア人の血を引くぼくとは、時空を超えて最初から縁があったってぼくは思うの。父が東ヶ崎さんから言われてから70年近くたって、自由と民主主義という、ぼくの先祖が日本に持って来た宝物がまたなくなりそうになっている。それがなくならないように守る責任がぼくの血のなかにあるから、ぼくは憲法バッジを作ったり、いま、こうやって話したりしてるの。もしかして、ぼくのKENって名前って憲法の『憲』じゃないのかって思うくらいに……。

　そういうぼくだから、いや、『アジアってさ、独裁が好きだ』『上の者に下が従うのが日本の伝統だ』とか言う奴がいるけど、なにくだらないこと言ってんだよって思う。どこの国際会議に行っても、胸を張って言えばいい、俺たちさ、7世紀から憲法持ってんだよ。役人イコール権力者に対して、『仲良くして、ものごとは平和に解決しなさい。そうすればどんなことでもうまく解決できますから』とか『一番大事なのは信だ、信義だ、信用だ、信頼だ』とか『民から搾取しないように』とか『自分の利益を考えず、公のために働きなさい』とか『独裁しないでみんなで会議して決めなさい』とか、いいことといっぱい書いてある憲法をねって。

そして、上から目線でがちゃがちゃ民主主義のことについて説教される筋合いはないぐらいのね、気持ちに切り替えるべきだとぼくは思う。

それがね、まさに、特別な国のポイントであって、いままでの考え方を変えてね、日本だから民主主義の歴史が浅いとか、自由と人権も歴史が浅いとか、そうじゃなくて、逆であって。広隆寺の奥さんの言うようにね、あの昔のシルクロードの終点駅だった日本は自由と平和の思想が入ってきてたの。

それが先にも言った聖徳太子の思想なんだよ。

中国の唐の時代には綿とか花火とかいろんな発明があったけど、それは中国人が発明したんじゃないんですよ。世界中の人が、唐に来たイタリア人やドイツ人やいろんな人たちがいろんな発明をしたんです。それがポイントで唐の時代と同じ時代の日本は似てるんですよ。私たちがこれからどういう日本を作るかって言えば、世界のみなさんこの島に来てくださない、自由に暮らしてくださない、いいもの作って下さい、これなの。

アメリカがなんで成功しているかっていうと、世界中の人が来てるからなんだよ。世界の知恵が集まってきてるから。日本も同じように、世界の知恵を招いて、もう1回元気になればいいんだよ。どこかをマネするんじゃなくて、自分たちの原点に立ち帰ればいいというだけのことだし、『和を以て尊しとなし』の現代版・世界版である憲法第9条という世界の宝を世界に広めたらいいの。あの、四天王寺というのは、聖徳太子が作って、あのなかに、無料の薬局だの、無料の病院だの、施設だの、文化・音楽の殿堂があったり。社会福祉もちゃんと日本の歴史の流れのなかにあるって言える。」

「そうか、KENさんやジュンさんの言う通り、国民が主役の平和憲法は日本の歴史と伝統の流れのなかにあるんだね」

とケン太。ノリカも納得した。

「そう。そして、天皇陛下と言えば、まさに日本の歴史と伝統のひとつの焦点として続いてきたものなんだけど、KEN、その天皇陛下のとっておきの話をぜひ聞かせて」

とジュンはリクエストした。

#49 とっておきの天皇陛下の話

「ＯＫ。じゃ最後に。まず、ぼくの知っている天皇陛下のとっておきの話と、この8月の陛下の言葉のことについてぜひ話したい。天皇陛下の言葉のことはさっきジュンも話してたけど、ぼくからもぜひ伝えたいです。いいかな?」

「もちろん」

とケン太は答え、ノリカも頷いた。

「ＯＫ、じゃまずぼくの知ってる天皇陛下のとっておきの話ね。何年か前、ある読売新聞の記者の友だちから電話かかってきたの。『飯食ったか?』ってさ。『まだ』って答えたら『帝国ホテルに来てよ、ただで食わしてやるから』って。で、行ったのね。ぼく、もくもくと食べていたのね、そしたら突然、雰囲気変わってね、ＳＰみたいなの、わあって来てんの。え?と思ったら、だれか歩いてくるの。それ、ぼく、食べながら見てんのね。そしたらね、お〜!天皇陛下と美智子様だったの」

「マジ?」

とケン太。

「マジ。で、昔から天皇家はキリスト教だったたって噂があったんで、せっかくだから確かめてみようかと思ってさ、食べてるものおいてそこに立ったわけ。なんかわあっとSPらが動き出して、気がついたらなんか大使の人と同じグループに入っていたのね、ぼくは。それで、陛下がお見えになられて、ちょっと話しかけようとしたら行っちゃって、で、美智子様が来たの。美智子様、ちょっといいですかって言って。そしたら美智子様、うちのアガペハウスのこと知ってて、ニコッと笑って、おもしろいこと言ったの。『KENね、英語でしゃべるとSPの人がわかんないから、英語で話しましょう』って、そのときの美智子様、なんかね、イタズラな顔だったね。で、ぼく、言ったのね、『美智子様、お祈りしていいですか？』。そしたら、『お願いします』って。『なんのために祈ったらいいですか？』って聞いたら、彼女がいくつか言ってくれたの、家族のこととか。それで、お祈りし始めたらぽろぽろ涙が流れてね、手をつないで一緒にお祈りしたの。すると、彼女が、ちょっと来てくださいって、天皇陛下のところへ連れてってくださって、で、陛下のためにもお祈りさせていただいたんですね。そこでわかったのは、単なる噂じゃなくてね、ふたりとも、天皇家は代々クリスチャンだったたってことを、ぼくは実感したんですね」

「え〜、そんなの初耳。マジ？」

とノリカは尋ねた。

「マジ。ずっと昔から代々そうだったって。ぼくは思う。もちろん、クリスチャンって言っても、信仰が強くなったり弱くなったりしますよね。代によって、こう。大正天皇は熱心なクリスチャンで、その息子の昭和天皇になると信仰がうすまってくるんでね。ところがまた、いまの天皇陛下ではまた信仰が戻ってくるんですね。それで、ぼく初めて、あ、そうか、天皇家ってちゃんとクリスチャンだなって。だって、一緒にお祈りするとわかるんですよ、祈り方でね」

#50　天皇陛下と一緒にみんなで①

「それで、いまからちょうど1年ちょっと前かな、神戸で阪神・淡路大震災の20周年の記念があったんですよ。ぼくたちはその救援活動もしてて、神戸の地震のときに一番最初に現場に入ったのがぼくたちだったんですよ」

「マジ?」

ケン太は尋ねた。

「マジ。だから、大震災の20周年のときも神戸へ行って、様々な集会があったけれど、そのなかの200人くらいのある小さな集会に出たら、宮内庁のおっちゃんが出て来てさ、『これから天皇陛下がいらっしゃいますので、みなさん立って君が代歌ってください』とか言うのね」

「テレビの生放送とかで、始まる前にADがあーせいこーせいと観客に指示したりする感じ？」

ジュンは質問した。

「そうそう。で、陛下と美智子様が入って来たんです。みんなが立ち上がって歌おうとしたら、もう可愛くて可愛くてね、天皇陛下が、だれから見ても、こうやってさ、ママ、行くぞ、いつものやつだよ、で、ふたりで手を組んでね、ドカーンと座ったの。それ、だれから見ても、『君が代や・め・ろ』って言ってるように見えたの。だから、今回の夏のメッセージはまさにその精神で、天皇陛下が自ら、あのときと同じにね、私は、元首じゃないんだから、そういうくだらないことはやめろって、私は普通の人だって、そういうメッセージだったと思う」

「お――――！」

ケン太は感激した表情で唸った。

「この前ある右翼の、憲法を変えたい学者の人と話したのね。あんたたちがやろうとしてることね、天皇陛下を元首にあおぐ戦前の国体に戻すこと。それね、ぼくたちキリスト教だから絶対いやだ、そして、国民も絶対許さないし、世界も許さないし、でも一番言いたいのはさ、あんたさ、天皇、天皇って言って、元首に戻すって言ってんだけど、本人がやめろって言ってんだから、やりたくないんだから、やめたらって。そしたらその右翼の学者さん、なんも言えなかった。

天皇陛下と美智子様はパラオを慰霊訪問したときも、安倍晋三総理らの意向を無視して行動したんだけど、ふたりは戦争じゃなくて平和が好きで、国民の象徴として、国民が主役の平和憲法を国民と一緒に守りたい人たちなんです。

EU離脱ではファラージって人が、アメリカ大統領選ではトランプが、99％の1％に対するノーの象徴、シンボルだったんです。ファラージもまたトランプみたいに言い過ぎのところもあるけど……。彼はトランプの集会で『トランプ氏は自身が英国で主導したのと同様の反体制運動を展開している』って演説したの。でね、日本では天皇陛下が体制に向かって、声なき人の代わりに私は声になる、メディアもうダメ、国会もダメ、彼は国民の声なき声を伝えてくれなかったので、最後の手段として8月に立ち上がった。天皇陛下はあのメッセージを通じて、国民みんなにこう呼びかけた。

『国民のみなさん、私は、あなたたちの象徴です。いまの憲法が大好きです。だから、思想とか、どこの党とか、関係なく、みんなで一緒にいまの憲法を守るために立ち上がりましょう。』

って、国民が主役の平和憲法をみんなと一緒に守るために、正に象徴天皇としての、国民主権のシンボルとしての役割を果たすために」

「すごい」

ノリカは叫び、ケン太も

「すげえ、すげえ」

と叫んだ。

「でしょ?」とKENはワクワクしている表情で言った。

「ファラージをシンボルとするBrexit（ブレグジット）、トランプをシンボルとする

Trexit（トレグジット）、そして天皇陛下をシンボルとするJexit（ジェグジット）って、99％のウェーブは世界でどんどん広がっていってるんです。

Brexit（ブレグジット）とは、〝英国のEU離脱〞を指す造語で、『British（英国、イギリス）』と『Exit（離脱、出ること、バイバイすること）』を組み合わせて造られた言葉。Trexit（トレグジット）は『Trump（トランプ）』プラス「Exit」で『1％の支配よ、バイバイ』って意味。Jexit（ジェグジット）は「Japan（日本）」プラス「Exit」で「憲法殺人事件的改憲、バイバイ＝反対」って意味。おもしろいでしょ？」

おもしろい、おもしろい、とノリカもケン太も頷いた。

ジュンも「おもしろいよね」と頷いて言った。

「KENの言う通り、Jexit（ジェグジット）のシンボルは天皇だと思うよ。1946年にシデハラさんが軍隊を持たず戦争放棄をする第9条と国民主権としての天皇の第1条をセットで生み出したことが、それから72年経ったいま、国民が主役の平和憲法が危機のときにこんな形で生きるなんて。自民党の改憲案は国民が主役の平和憲法を殺して、権力者あるいは独裁者が主役の憲法に変え、ついでに天皇も元首としてかつぎあげて利用しようという憲法なんだから。

天皇は個人としても、国民主権のシンボルとしての天皇としても、それに反対なのは当然だと思う」

ＫＥＮも笑いながら頷いた。

「そう。天皇陛下は最後の防波堤なの。最後の最後に、メディアもダメ、国会も３分の２を超えたそのときに天皇が立ち上がった、いい加減にしろと。そのあとをみんなでついて行こうじゃないかと、ぼくは言いたいです。国民が主役で平和で自由で、第９条を持っている特別な国こそが美しい国なんです。」

#51　天皇陛下と一緒にみんなで②

ＫＥＮの言葉は続いた。

「憲法変えなきゃダメって言っている人たちの理由は、次のようなものなんだ。

一つ目は、いまの国民が主役の憲法はアメリカが押しつけたってこと

二つ目は、特に第9条はアメリカが押しつけたってこと
三つ目は、時代に合ってないってこと

一つ目と二つ目については、どっちも日本人が生みの親だったことを、ジュンが説明してくれたけど、ぼくもその通りだって思う。

マッカーサー元帥のそばにいたコートニー・ホイットニー准将の書いた、『日本におけるマッカーサー　彼はわれわれに何を残したか』（毎日新聞社）って本のなかで、ホイットニーは、1946年1月24日にマッカーサーから聞いたことを次のように記録してる。

『幣原首相は、ペニシリンのお礼を言った後、今度、新憲法が起草される時には、戦争と軍事施設を永久に放棄する条項を含むように提案した。

幣原首相は、この手段によって、日本は軍国主義と警察テロの再出現を防ぎ、同時に自由世界のもっとも懐疑的な人々に対して、日本は将来、平和主義の道を追求しようと意図しているという有力な証拠をさえ示すことができると述べた』

って。

警察テロって、戦前の日本で憲兵や特高警察が、戦争に反対する人達を捕まえて拷問したり殺したりしたことを言うの。そうやって戦争に反対する人たちの口を封じるという下地をまず作って、その下地の上におおっぴらに戦争をした。

シデハラさんは第9条によって、二度と再びその下地作りができないようにした。その下地がなければ人々は戦争に反対し、それをさせないようにすることが可能だから。そういう意味で、第9条は国内的な戦争の下地を作らせない、根本的な国内対策でもあったの。ぼくは、それがまさに第9条の第一の意味ではないかとさえ思う。だって、その下地がなければ、戦争はできないのだから。

第9条がまずなによりも第一にそういう警察テロ防止のための国内対策だったということがホイットニーの本を読んでわかったのは、大発見、大スクープだと思うの。いろいろな人が第9条のことを話したり解説したりしているけど、それが警察テロ対策だったってことはいままで聞いたことがなかった。この第9条の精神から言っても、みんなの自由を奪うような、秘密保護法とか共謀罪とか盗聴法のような、憲兵や特高警察のような組織を正当化する法律には是非反対しようよ。

また、ぼくは、『憲法に9条を入れよう』というシデハラさんの提案にOKしたマッカーサー元帥が、できたばかりの日本国憲法を紹介した日の番組を見たことがある。そのなかで、彼はこういうことを言ったの。

『私は自分の人生を振り返ってみて、ずっと誇れることはなかった。ずっと人を不幸にしてきた。でも、私の人生を振り返ってみて、ひとつ、誇れるものがあるとすれば、それはこの憲法だ。この憲法のおかげで、私みたいな、言われてみれば人を殺す職業の人間がこの世の中から消えてくれれば、そして、これから先はこの憲法が世界のお手本となって、国造りと、国と国との関係の、お手本となってくれれば、私の人生にはひとつ、誇れるものがあることになる』

って。ぼくは大学で教えている学生に毎年『日本の憲法の、そして第9条の、生みの親は日本かアメリカか?』って課題を出す。それまでそのことにまったく関心を持ったことがなかった学生たちはなんの固定観念もなしに調べて・みんな日本が作ったって結論になるの。

三つ目については、『国民が主役の平和憲法』を殺して『独裁者や権力者が主役の憲法』に変えてしまうような、憲法殺人事件みたいな、テロみたいな〝改正〟は許されないってこと。

アメリカ憲法は最初女性参政権がなく、奴隷は認められていた。ところが、時代が変わったとき、女性参政権や奴隷廃止に改正、という修正したの。でもだれも『国民が主役の憲法』を『独裁者や権力者が主役の憲法』に変えてしまうような、憲法殺人事件みたいなテロみたいな〝改正〟はしてこなかった。それは他のいろんな国も同じ。ただひとつのそういう〝改正〟の例として、独裁者ヒトラーが、緊急事態条項を利用して、当時のドイツの憲法であるワイマール憲法に対して憲法殺人事件を実行した。そして、独裁国家を作り、ユダヤ人を大量虐殺し、第二次世界大戦を引き起こし……。ぼくはアメリカ人だからわかるけど、英語だと、〝修正〟は〝amendment（アメンドメント）〟、〝改正〟は〝revision（リヴィジョン）〟、違う言葉だし、意味も違うんだよね。そして、これはトリビアになっちゃうから、聞き飛ばしても全然ＯＫだけど、いまの日本国憲法の憲法改正ルール（96条）の〝改正〟は、その英訳では〝amendment（アメンドメント）〟つまり〝修正〟になってる。

いまの日本国憲法は、

Ⅰ　国民が主役で天皇は象徴

Ⅱ　国民の自由や権利を政府や国会は制限できない

Ⅲ 軍隊は持たず戦争はしない

といった柱がある。そういった柱を変える〝改正〟はだめ。そうでない〝修正〟はＯＫ。これがぼくやジュンの考え。

天皇制については、天皇に権力を持たせるような〝改正〟はだめ。

第96条の〝改正〟という言葉の表現も〝修正〟に変えた方がいいんじゃないかな。いま言ったような柱は絶対変えちゃダメということをはっきりさせるためにね。もう一歩進んで、『Ⅰ～Ⅲのような、国民が主役の平和憲法の柱は絶対変えちゃダメ』っていうルールを憲法に入れたらいいんじゃないかって、ぼくもジュンも思ってる。

でね、憲法を〝改正〟したい人たちは『時代に合わないから〝改正〟すべきだ』ってよく言うの。彼らは要するに、「『国民が主役の戦争しない憲法』は、時代に合わないから『独裁者または権力者が主役の戦争できる憲法』に変えろって言ってるんですね。そういう意見に賛成できる？

ひとつ、ぼくの実体験を話したいんだけど、２００４年9月21日、当時の日本の小泉純一郎首相はニューヨークの国連本部で開かれた国連総会で、『国連安全保障理事会の常任理事国入りをしたい』と演説したの。それとの関係で、憲法を〝改正〟したい人たちは『9条は時代に合わないから〝改正〟すべきだ』と言ってた。で、ぼくはジャーナリストだから、ニューヨークでの小泉総理の記者会見に参加して、『小泉さん、9条を変えないと、日本は安全保障理事会に入ることはできないんですか』って質問した。そしたら小泉さん、『そんなことはない』って答えたんです。小泉さんが国連総会での演説の前の日、記者たちに、『武力行使をしなくても国際社会で十分役割を発揮できる。時代は変わった。憲法改正をしなくても常任理事国として十分にやっていける』って言った記録もちゃんと残ってるの。

国民が主役の憲法を独裁者や権力者が主役の憲法に〝改正〟しちゃダメだし、〝改正〟させちゃ絶対ダメ。天皇もそう言いたくてああやって立ち上がったの。バッジを買ってくれた人たちの電話がね、要するにこう言ってます。『俺たちの島をいじくってんじゃない、俺たちの力で守るぞ』って。この気持ちはね、ぼく、素晴らしいと思う。石巻では、震災よりもイオンの影響が大きくて、イオンができたために商店街が全部潰れた。そういうことを、「1%」のグローバリズム独裁が地球規模《グローバル》で進めている。

それに対するノーがBrexit（ブレグジット）＝イギリスのEU離脱であり、Trexit（トレグジット）＝アメリカのトランプの勝利であり、それらにJexit（ジェグジット）が続いたらいいと思う。99％の1％に対するノーの動きはいまや世界の流れだと思う。

２０１７年1月20日、アメリカの大統領の就任式で、大統領になったトランプは、大統領になって初めての演説をした。その注目ポイントを紹介しておこう。

『きょうの就任式はとても特別な意味を持ちます。なぜなら、きょう、私たちは単に、ひとつの政権から次の政権に、あるいは、ひとつの政党から別の政党に移行するだけでなく、権限を首都ワシントンの政治からアメリカ国民に返すからです』

『２０１７年1月20日は、国民が再び国の統治者になった日として記憶されるでしょう。忘れられていた国民は、もう忘れられることはありません』

『あまりにも多くの国民が、違う現実に直面しています。母親と子どもたちは貧困にあえぎ、国中に、さびついた工場が墓石のように散らばっています。教育は金がかかり、若く輝かしい生徒たちは知識を得られていません。そして犯罪やギャング、薬物があまりに多くの命を奪い、可能性を奪っています。このアメリカの殺りくは、いま、ここで、終わります』

『この瞬間から、アメリカ第一となります。貿易、税、移民、外交問題に関するすべての決断は、アメリカの労働者とアメリカの家族を利するために下されます。ほかの国々が、われわれの製品を作り、われわれの企業を奪い取り、われわれの雇用を破壊するという略奪から、われわれの国境を守らなければなりません。保護主義こそが偉大な繁栄と強さにつながるのです。わたしは全力で皆さんのために戦います。なにがあっても皆さんを失望させません。アメリカは再び勝ち始めるでしょう、かつて無いほど勝つでしょう。私たちは雇用を取り戻します。私たちは国境を取り戻します。私たちは富を取り戻します。そして、私たちの夢を取り戻します』

『私たちは、世界の国々に、友情と親善を求めるでしょう。しかし、そうしながらも、すべての国々に、自分たちの利益を最優先にする権利があることを理解しています。私たちは、自分の生き方を他の人たちに押しつけるのではなく、自分たちの生き方が輝くことによって、他の人たちの手本となるようにします。』

簡単に言うと、トランプは次の４つのことをアメリカのみんなに、そして世界のみんなに、約束したんだ。

①主役は、権力者でなく、国民みんなだよ
②私は、超金持ち大企業ではなく、アメリカの労働者とアメリカの家族を利する政治をやるよ
③すべての国々にも、超金持ち大企業の好きにさせるのでなく、国民みんなの利益を最優

先させる権利があります。そういう国同士、仲良くやって行きましょう
④私たちは、超金持ち大企業がその利益を最大にするための〝グローバリズム〟とかいうやり方をみんなに押し付けてきたのとは違って、アメリカ国民みんなの生き方が輝くことによって、他の国々のみんなの手本となるようにします

これらのTrexit（トレグジット）の約束・宣言を、トランプが守り実行しますように。また、Trexitの波が日本にもやってきてJexit（ジェグジット）となりますように。

天皇陛下のメッセージに元気と勇気をもらって、みんなで立ち上がって、Jexit（ジェグジット）を成功させ、国民が主役の平和憲法を、その憲法を土台とするぼくたちの美しい国を、みんなで守ろうよ。そして、この本や憲法バッジや憲法ソングも、輪を広げるために、よかったらどうぞ活用してね。まだ言ってなかったけど、ジュンは憲法ソングのCDを作っているの。講演にも呼んでくれたら喜んでいきます。」

そう言うKENに向かって微笑んで心から同意しながら、ジュンはこう言った。

「ぼくはさっき『シデハラさんは天皇のOKをもらってから、あの日、マッカーサー元帥に会いに行って第9条と1条をセットで提案したに違いないと思うね』って言った。で、平野文書を遺した平野三郎さんは最後に書いた『平和憲法の水源―昭和天皇の決断』（講談社

出版サービスセンター）という本に、シデハラさんが昭和天皇について語った言葉を記録しているんだよね」

「昭和天皇って、いまの天皇陛下のおとうさんね？」ノリカは質問した。

「そう、で、平野さんが記録しているのは次のような言葉なんだよね。

> 『いままで日の丸は戦争のシンボルみたいだったが、これからは平和のシンボルだ。陛下は平和の旗――日の丸の旗手である』
> 『いま、日本は戦争の荒波が渦巻く世界の海に平和の旗を掲げて乗り出した唯一の船だ。日本丸の舳先には平和の旗がひるがえっている。その旗をしっかりと陛下が握っておられる』
> 『陛下は何もなさらぬとも宜しい。むしろつまらぬことに口だしされぬ方がよい。その代わり、ここぞというときに日の丸を正しい方向に向けていただけばよいのだ。権力よりも象徴の重みの方がはるかに大きい』（『平和憲法の水源―昭和天皇の決断』（講談社出版サービスセンター）より）

って。そしていま、まさにシデハラさんの言った通り、昭和天皇の息子さんのいまの天皇が、ここぞというときに、つまり「国民が主役の憲法」が殺されそうになったときに、日の丸を正しい方向に向けるために立ち上がって、国民にメッセージを発してくれた。その国民の象徴としての重みは、これもまたシデハラさんの言った通り、権力よりもはるかに大きい。

２０１６年10月18日の新聞各紙によれば、自民党は権力者または独裁者が主役の憲法草案は撤回しないと言っているし。２０１７年1月3日の北海道新聞によれば、自民党は、新しい改憲案を２０１７年中に作って憲法審査会に提出するそうだよ。まず、その案を国民投票にかけてみんなに賛成させたい考えてるってことだ。

その新しい改憲案には、みんなに反対されそうな『国防軍という名の軍隊を持って、戦争ＯＫの国にする』っていう第９条の改憲案はとりあえずは入れない。でも、入れなくたって、その新しい改憲案なら軍隊を持ち戦争ＯＫにすることができちゃう。なぜかと言えば、その新しい改憲案はね、環境権とか『私立の学校にも税金から助成金を出しましょう』とかの、みんなが抵抗なく賛成しそうないくつかの甘くておいしいお菓子のなかに、あの『緊急事態条項』っていう甘い皮に包んだとんでもない猛毒を入れて、『みんな甘くておいしいお菓子だから、みなさんどうぞ賛成してね』っておすすめする、そういうズルい案だからなんだ。

こういったことはさっき『緊急事態条項』を説明したときにも言ったけど、それが憲法に入ったら、ケン太が言ったようにそれは憲法に仕込まれたとんでもない〝バグ〟となって、その〝バグ〟を利用すれば、『国民が主役の憲法』は一気に『独裁者が主役の憲法』になっちゃう。そうなったら独裁者はなんでもできちゃう。第9条を変えなくても軍隊を持って戦争ＯＫの国にできちゃうし、第12条を変えなくても、みんなの自由や権利を思いのままになんでも奪えちゃう。でも、『緊急事態条項』がそういうとんでもない猛毒だということは一切説明しないまま、口当たりのいい説明だけして、それを国民投票で通してしまおうって、『みんなが主役の憲法』を変えたい人たちは考えている。

これはＫＥＮに教えてもらったことなんだけど、エドマンド・バークっていうイギリスの政治学者が『人々は騙されさえしなければ、決して自由を差し出さない』って言ってる。逆にうまく騙せば、人々に自由を差し出させることができるって、そう、彼らは考えている。

騙されるか騙されないかは、みんな次第だ。

ぼくもKENと同じことを言おう。陛下のメッセージに元気と勇気をもらって、みんなで立ち上がって、国民が主役の平和憲法を、その憲法を土台とするぼくたちの美しい国を、みんなで守ろうよ。天皇陛下の祖であるアマテラスを始めとする八百万《やおよろず》の神もみんなを応援しているに違いないから」

「そうだよ。ぼくたちこれからの日本人のためにも、どうぞよろしくお願いします。この国の主役は権力者や独裁者じゃない、ノリカ、ケン太、そしてこの本を読んでくれてるみんななんだから、本当に、どうぞよろしくお願いします」

Qはみんなに深々と頭を下げた。

突然、ノリカとケン太の心に同じ映像が浮かび上がった。

化粧っ気のない、モンペを履いた地味な、大人のノリカ。黒いリボンのかかった写真入りの額を持って、涙を流しながらトボトボ歩いている。

ノリカの脇にはカーキ色の国民服を着たケン太。空っぽの白木の箱を抱え、涙を流しながら呟く。

「せめて骨だけでも帰ってきて欲しかったのに……」

ノリカの抱える額のなかの写真はQ。
額のなかから声が響いた。
国会で憲法〝改正〟の発議っていうやつがされると、そのあと、60日から180日の間に国民投票がある。国民投票で、君はどう投票するかな？
それが「国民が主役の平和憲法」の条文なのか、
それとも「独裁者や権力者が主役の戦争ＯＫ憲法」の条文なのか、
この本も参考に見極めて、国民が主役の平和憲法を是非守るために投票して欲しい。いまのが最後のシミュレーション。そんな悲しく暗い国に、どうぞしないで、もう二度と再び。

終わりに――ひとつの始まりのために

ぼく(ＫＥＮ)は何十年か、小学校も含む全国の学校で講演会をやってきた。講演の終わりには、聴いてくれたみんなからの意見や質問を求めるのだが、最初の頃は手を挙げて意見や質問をする人がいなかった。そこで、あるとき、講演の初めに、校長に前に出て来てもらって「生徒がどんなことを言っても怒らない」と、「質問や意見の自由」を約束させた。するとみんなは時間の足りないくらい元気にクリエイティブにどんどん意見や質問をし始めた。

また、ぼく(ＫＥＮ)は大学でも教えていて、学生に、

「いまの日本の憲法はだれが作ったか?」とか、

「日本にキリスト教が伝わったのはいつ頃か?」とか、

テーマを与えるだけ与えてあとは自由に調べさせる。そしたら、驚くほど元気にクリエイティブに調べてきて、ときとしてびっくりするほどスゴい結果を発表してくれる。

なんで自由が大事かと言えば、自由があれば人間は言いたいことを言い、思った通りに

調べたりトライしたり発明したり、とことん元気に自由にクリエイティブになれて、そうなれば自然に経済も社会全体も元気に自由にクリエイティブになるからだ。

元気に自由にクリエイティブになるためには、なによりもまず第一に平和でなければならない。戦争とは破壊のことにほかならず、みんなの命を奪い心身を傷つけ、街を、国全体を、経済を、社会全体を、人の心身を、破壊するからだ。

自由と平和は、経済が成り立つために是非とも必要な土台なのだ。国の財源を豊かにするためにも……。自由と平和がなかったら経済も、国自体も弱くなってしまう。

何年か前にある中学校で講演した時、こういう質問があった。

いままでの日本はモノを作ってきた。車作ったり電気製品作ったりして、それを世界に輸出して、それで日本の経済は成り立ってきた。でも自分たちの時代になったとき、もう日本はモノを作れなくなるんじゃないかと思うんですけど、私たちの時代というのは、日本はなにをして食べてくんですか？

彼の言った通り、これからの日本はモノを作れなくなるだろう。モノに替えてなにで経済を支えて行くのかと言えば、ソフトな意味での、クリエイティブなアイディアや発想だと思う（モノだって、最初に誰かがアイディアや発想を思いつかなかったら、存在することもないのだけど)。

国民みんなが主役のいまの日本の憲法は自由と平和を両方とも保障してくれている。この憲法に書いてあることをもっと活かせば、この国はもっともっと、人間も経済も社会全体も元気に自由にクリエイティブになり、その結果、本当の意味で豊かになるだろう。

そういう自由で平和な国には、世界から人が、当然優秀な人材も、集まってくる。聖徳太子の時代の日本がそうだったように。だって、だれもがみんな、元気に自由にクリエイティブに生きたいから。

そして、世界が優秀な人材が集まって、もとから日本にいた人たちと一緒に元気に自由にクリエイティブに生きれば、日本のマイクロソフト、日本のアップル、日本のグーグルもどんどんでき、またアートや学問も発達して、この国はもっともっと、本当の意味で豊かになるだろう。

逆に、それが権力者が主役の、自由や人権を奪うことOK、戦争OK、の憲法に変えられたら、人間も経済も社会全体も、クリエイティブでも元気でもなくなり、下手をすれば、生存そのものが奪われて、滅んでしまうだろう。

1945年のあの悲惨な日本を見れば、そのことが分かる。

国民みんなが主役の平和憲法は、右とか左とかの思想的な意味ではなく、そういう思想を超えたところで、実際的に実利的に大事なのだ。一人一人が食べて行くためにも、ビジネスの発展のためにも、国全体の経済を豊かにするためにも、生き残るためにも、豊かになるためにも…。

第9条が、日本人がもっともっと積極的に世界にプロモートすべき、世界の宝だということは本文中で説明した。

いまの、国民みんなが主役の平和憲法を守り、それに書いてあることをもっともっと活かそう。第9条の精神を世界に広めよう。

この本が、そのためのひとつの始まりになりますように。

ラブ・ピース・アンド・フリーダム・アゲン!

最後まで読んでくれてありがとう。

ケン・ジョセフ・ジュニア＆荒井潤

憲法バッジへのお問い合わせ

憲法バッジへのお問い合わせは、
下記メールアドレスまでどうぞ。

憲法バッジプロジェクト
kempobadge@gmail.com

憲法シミュレーションノベル

KENが「日本は特別な国」っていうんだけど……

2017年3月25日　第1刷発行

著者　ケン・ジョセフ・ジュニア／荒井 潤
編集協力　マエキタ ミヤコ
デザイン　大森 由美

発行者　佐野 裕
発行所　トランスワールドジャパン株式会社
〒150-0001
東京都渋谷区神宮前6-34-15 モンタービル
Tel:03-5778-8599／Fax:03-5778-8743
http://www.transworldjapan.co.jp/
印刷・製本　中央精版印刷株式会社
Printed in japan 2017

ISBN978-4-86256-198-5